至高神大宇宙大和神の守護

破綻から救済へ

88次元 Fa-A
ドクタードルフィン
松久 正

青林堂

まえがき

本書は、『至高神　大宇宙大和神《オオトノチオオカミ》の教え』『至高神　大宇宙大和神の導き』（青林堂）に続き、宇宙で最も次元が高い神であり、私と同一体である大宇宙大和神から寄せられたメッセージとエネルギーを言葉にして記したものです。

人類の進化・成長を促すために、「宇宙の大いなる意思」が放った新型コロナウイルスが流行してから3年以上が経過した現在、ようやく世界中の人々が不安と恐怖から脱却して、以前と変わらない生活を送るようになった一方、多くの日本人は、いまだに政府やメディアの意見を盲信して、マスク着用やワクチン接種を行い続けています。本来、日本は非常に高い霊性を持ち新時代のリーダーとなる国家なのですが、当の日本人の意識状態が低迷している現状を、大宇宙大和神は非常に嘆いています。

今後、世界の情勢は、さらに激変して、様々な困難が地球に住む人々に降りかかる形になるでしょう。いままで、人類は問題に直面するたびに、「解決」の手段を講じていましたが、これからは、状況を「受け入れる」ことが大切になります。なぜなら、宇宙には善悪は存在せず、すべてが中立であるからです。あらゆる困難を判断せずに受け入れることが叶《かな》えば、人間は、物質を使用せずに生存可能な、高次元の存在へと進化するのです。

本書には、すべてを受け入れるためのヒントとなり得る大宇宙大和神から降りたフレーズを収録しました。非常にシンプルな内容ですので、読者の皆様は、ぜひ記憶に留めてください。

人間を素晴らしい「弥勒《みろく》の時代」へ導く原動力とは、科学でも神の力でもなく、自身の意識なのです。

88次元 Fa-A
ドクタードルフィン 松久 正

目次

第1章

地球人の進化・成長に必要な「受け入れの意識」

解決ではなく受け入れで人類は進化する

現在の地球では、世界紛争、エネルギー問題、食糧問題や自然環境問題など、多くの課題が、大きくクローズアップされています。そして、日本人をはじめとする地球人たちは、強引な手段を用いて、問題を解決しようとしています。

たとえば、現在継続中のロシア・ウクライナ問題に関しては、世界各国がロシアを一方的な侵略者と断定して、ウクライナ側に対して支援を行っています。地球の高温化は、CO_2（二酸化炭素）の増加が要因と断定されて、排出量減少を目的に、各国で電気自動車の開発が進められています。食糧危機に関しては、将来的な作物収穫量の減少が囁《ささや》かれているため、世界中で食糧の備蓄が行われています。

これらの3次元的な解決策は、人々の心に不安と恐怖が存在するがゆえに実行されるものです。問題を「解決」したいというのは、多くの人間が持つ感情ですが、そこに大きな落とし穴が存在します。問題を解決すると、自分自身にとってはプラスになるのですが、他者にとっては、逆に問題が深刻化する可能性があるからです。

地球に存在する資源や食糧源の総量は限られていますから、すべての人が問題を解決しようとすれば、力の強い者のみが成功して、力の弱い者の望みは叶《かな》わないという状態に陥《おちい》ります。力の強い者が弱い者から奪い、力の弱い者が、自身の問題を解決しようとする結果、戦争や紛争を引き起こすのです。

具体例を挙げると、今後、石油の採掘量は確実に減少しますので、確保を目的に石油の輸入量を増やそうとする国家が出現するでしょう。そして、各国が石油利権で対立した結果、争いが発生する将来が予想されます。私ドクタードルフィンと同一の存在である宇宙の大元の神・大宇宙大和神《オオトノチオオカミ》の55次元の視点から見ると、問題の解決という行為には、人間が持つエゴが必ず含まれているのです。

今後、地球が弥勒《みろく》の世界（愛と調和の世）に変化する中で、地球人たちは、いままでのような3次元的な解決策ではなく、高次元的な解決策を行うようにするべきです。

高次元的な解決策を3次元的な言葉で表現すると、**「受け入れる」**ということです。今後、地球で食糧が減少してゆくのを受け入れる、エネルギー源が枯渇してゆくのを受け入れる、加速する円安を受け入れる、国家同士の争いは消滅しないという現実を受け入れるのです。

従来の地球の国家では、政府や、学者や官僚といった知識人たちが、一般の人々の上位に君臨して統制を行うというシステムが採用されていました。それに対して、宇宙の次元が高い星社会で行われているバランス調整の場合、それぞれの星が互いのサポートやコントロールを担当するのですが、各々《おのおの》の自由を奪わないというシステムが採用されています。宇宙全体のエネルギーには、平和をもたらす「叡智《えいち》」と表現するべき集合意識が存在するのです。

現在の地球は、完全に自由度を失った状態に陥っています。大宇宙大和神の視点から見ると、今後の地球の展望は、非常に危ういものです。

雨が多く降れば植物は潤《うるお》いますが、晴天が続くと干からびてしまいます。太陽光によって植物は光合成を行いますが、曇《くも》りの日が続けば叶いません。しかし、悪条件が重なっても植物は文句を言いません。これが「受け入れている」状態です。

宇宙全体の感覚も同様で、たとえば食糧が存在しなければ、その状態を受け入れて、食べずに生活しようと考えます。

このような意見を唱えると、宇宙の意思は乱暴で優しさが存在しない、人間は食べなければ生存できない、と反論する方もいるでしょう。しかし、高次元の宇宙の星文明の存在たちは、「生命の本質」を把握しているため、何も食べなくても生き続けることが可能なのです。一方、地球人は、毎日何かを食べるという生活を繰り返してきたため、食糧を摂取しなければ生きていけない体質と化したのです。

弥勒の時代が本格的に到来すれば、地球人は何も食べずに生き続けることが可能な生命体へと進化するでしょう。大宇宙大和神は、地球を見守り続けており、その事実を地球人たちに伝えようとしています。

エネルギー源に頼らない時代

現在の地球人には、朝・昼・晩に3回食事を摂るというライフスタイルが定着しています。そのため、突然何も食べないで生存可能な状態になるというのは難しいのですが、1日3食を2食に変更するという集合意識を生み出すのは、さほど難しくはないでしょう。1日2食の生活が当然となった後は、1日1食、1食生活が定着した後に、食事を摂る日と摂らない日を定めて、食事の内容は自分の好みで摂取内容を定めるなど、段階的にライフスタイルを変化させてゆくのです。

最終的に宇宙形態として進化した星の人々は、宇宙空間に存在しているエネルギーを摂取して生活しているため、何も食べる必要はありません。レムリア文明人など超古代の地球人も、似たような状態で、木の実や昆虫などを摂取して生活していたのです。本来、地球人には、木の実や昆虫を摂取する、あるいは何も食べなくても生活が可能、という遺伝子が存在しているのですが、現在はスイッチがオフになっている状態です。代わりに、現代では、1日3回食事を取らなければ健康な肉体を保てないという遺伝子がオンになっている状態ですから、眠っているスイッチをオンにして、人間としての進化を目指すべきです。

エネルギー源問題も同様で、現代社会においては、ガソリンや電気は日常生活において必要不可欠な存在となっています。

本音を言うと、私自身が長時間の徒歩が苦手なので、普段は車やタクシーを頻繁に利用しており、気温が高い日は、一日中、クーラーを使用してしまうのですが(笑)、本来の地球人は、エネルギー源に頼らずとも生活可能なのです。今後の地球人は、徐々にエネルギー源を使用しないライフスタイルに変化してゆきますが、まずは事実を把握しておくことが大切です。

私は、過去生の経験によって、今後の地球人がガソリンや電気を使わない生活に移行するという事実を、以前から把握しています。それは、レムリア時代への回帰、日本人に対してわかりやすく表現すると、縄文時代への回帰であり、身の回りに存在するモノのみを利用して生活する形式となるのです。

高次元の宇宙が警告を行っている理由は、現在の地球人が大量の資源やエネルギー源を消費しなければ満足に生活できない環境を作り出してしまったからです。

前述したように、地球人がライフスタイルを変えなければ、今後、資源やエネルギー源の奪い合いによる争いが頻発するのは確実であり、今後は、「奪う」、「掴《つか》む」、「減らす」ではなく、「手放す」時代を目指すべきなのです。読者の皆さんは、この本を読んだのを機に、今後は、受け入れて手放していく感性を磨いてほしいと思います。

しかし、現代社会においてエネルギーを使わない状態で生活するというのは、非常に難しい行為です。仕事に使うパソコンやスマートフォンは電動で、移動に使用する電車の動力源も電気です。冷蔵庫の電源が止まれば、中に収納した食品が腐ってしまうでしょう。

ガソリンや電気を使用しない時代、人々が気軽に遠方に移動するのは不可能でした。行動範囲が非常に狭かったため、多くの資源やエネルギー源を浪費する必要はなく、身の回りに存在するモノのみを使って生活して、経済は、自分が所有するモノと相手が所有するモノを取り替える物々交換で成り立っていたのです。そのような知識を持っている、あるいは、そのようなアイディアが心の底や片隅に存在する状態が、新しい時代で生活する上で大切な要素となります。

年々、地球全体が高温化していると言われ、ヨーロッパ各国で40度以上の気温が記録されています。今後、高温化が加速して人類が生存不可能になるという不安の声がありますが、人間には環境に適応する能力が存在します。植物の場合、生息地の環境が激変すると、新しい環境に適応した突然変異体が誕生するのですが、人間も、環境が変化するに伴い遺伝子変化が発生するのです。

現在の人類は、環境の変化を恐れている段階です。その理由は、いままで築き上げてきたライフスタイルを手放したくないためなのですが、人々が新しい環境を受け入れて、現在所有するものを手放してゆけば、たとえ地球の平均気温が40度、50

度になった場合でも、あるいは、地球上の食糧がすべて枯渇した場合でも、遺伝子変化によって「ネオ地球人」に変化して、生存可能な状態となります。

人類最大の問題を解決するフリーエネルギー

これまで、人類は様々な危機に見舞われてきた歴史を持ちますが、人間を生存させるための食糧の不足による危機、インフラを稼働させて生活を豊かにするための燃料の不足による危機など、大半の危機がエネルギー源を要因としているのです。現在に至るまで、世界各地でエネルギー源の確保を目的とした戦争や紛争が起こりました。ここで、人類にとって最大の課題であるエネルギー問題を解決する力こそが、「**フリーエネルギー**」なのです。

フリーエネルギーとは、何もない場所、無の環境からエネルギーを生み出す行為と、その結果、誕生したエネルギーを指します。フリーエネルギーが使用可能となれば、地球人の生活が激変するのは確実です。そして、フリーエネルギーが実現化する日が近づきつつあるのです。

フリーエネルギーの存在を否定する人もいますが、そもそも、無からエネルギーが生まれた結果、宇宙が成立したという科学的事実が存在します。

フリーエネルギーの実現後、いち早く時代の潮流に乗るのは、以前から、目に見えないエネルギーに関する学習をし続けた人でしょう。それに対して、目に見える物体、有機エネルギー源から恩恵を授かり続けた人は、時代に取り残される形になります。

それにも関わらず、多くの人々は、目に見えないエネルギーが存在するという事実に気がつかないのですが、フリーエネルギーを研究していた発明家ニコラ・テスラの研究を調べてみてください。

縄文人やアトランティス文明人、レムリア文明人といった超古代の地球の人々は、高次元の宇宙と密接につながることで宇宙のテクノロジーを供給されていたので、日常的にフリーエネルギーを使用していました。縄文土器に刻まれた縄目が、フリーエネルギーの生成装置になっていたという説もあります。

すべてのエネルギーは、螺旋《らせん》状の形となって常に回転する性質を持ちます。現時点では、物理学者のリサ・ランドールが提唱した、5次元における回転速度までしか解明されていませんが、物質を、人類が測定不可能な速度で回転させると、ブラックホール状態と化して、無尽蔵にエネルギーを取り出すことが可能です。今後は螺旋回転を究極状態まで高める機器の開発も進むでしょう。

他にも、フリーエネルギーを生み出す方法が存在します。ルービック・キューブを見ればわかるように、立方体の面を均等に9個に分けた場合、各面の中央部に1個の正方形が入って周囲を8つの正方形が取り囲む形になります。このように、27個に分かれた立方体の中央に光を与えた場合、中央部の小立方体の中で0・02秒ほど静止する現象が発生するのです。この現象は、数十年前に証明されたもので、量子物理学では、「キュービットの関係」と呼称します。光が静止するというのは、中央部の立方体がブラックホール化しているということなのです。

後の項で詳しく説明しますが、時おり、私は高次元に移動する機会があります。高次元に存在している際の私は、完全にブラックホール状態となっているのです。私が3次元から消失した時の状態を持続できる技術が完成すれば、宇宙人のUFOと同様の機能を持つ飛行体が開発可能となるでしょう。

私の知人曰《いわ》く、9個の正方形が集合した面の形とは、古代遺跡のピラミッドを底辺から見た形と同様であるそうです。実際、ピラミッドには、フリーエネルギーを生みだすグリッドが存在します。

富士山の内部にもピラミッドが存在しており、令和4（2022）年の10月に、私ドクタードルフィンが超古代ピラミッドである富士山のエネルギーを開いたので、グリッドからフリーエネルギーが放出して、いま、ピラミッドが起動しており、日本と世界を次元上昇させています。

エネルギーは、螺旋エネルギーが回転した際、一定の回転数までは、嵐のようなエネルギーを実感させるのですが、回転数がさらに高まって人間の感覚では捉えられない領域に突入すると、非常に穏やかな状態に変化します。ですから、富士山周辺に存在するフリーエネルギーを人間が感じるのは不可能なのです。

フリーエネルギーの時代が到来すれば、エネルギー源問題は、一気に解決しますので、人々の心から不安と恐怖の気持ちが消失するでしょう。その結果、すべての地球人が穏やかに日々を過ごせるようになるのです。フリーエネルギーは、人々に「大丈夫」という意識を与えます。

現在、新たな機器を開発してフリーエネルギーを生み出そうとする研究も行われていますが、機器から生成可能なエネルギーの量は極小であり、実用可能なレベルには達していません。

フリーエネルギーを生み出す最大の要素は、科学ではなく人類の意識なのです。

仮に一定の次元レベルに達した人々が、フリーエネルギーに対して意識を集中させた場合、何も無い場所に螺旋状のブラック・ホワイトホールのグリッドが形成されて、渦巻きの中からフリーエネルギーが取り出せるのです。すべての人々の意識次元レベルが向上すれば、機器を使わずとも、自由自在にエネルギーが使用可能となります。

以前、私は、エジプトのギザのクフ王のピラミッドに存在するエネルギーを開いた経緯がありますが、さらに強大なグリッドである富士山ピラミッドのエネルギーも開きました。強大なエネルギーグリッドが開かれたので、今後は、世界中でフリーエネルギーが生成される状態となるでしょう。

フリーエネルギーが解放されるに伴い、多くの人々が超能力を開花させる形になります。フリーエネルギーを媒体にして、個人の意識が一瞬で実現するようになるのです。

人類が進化しなければ清算が実行される

これは、2017年刊行の自著『高次元シリウスが伝えたい 水晶（珪素《けいそ》）化する地球人の秘密』（ヒカルランド）に詳しく掲載した内容ですが、現在はC（炭素）物質で形成されている人間の身体は、今後、Si（珪素）物質形態へと変化します。

身体が珪素化するに伴い、人間にとって食事が不必要な行為となります。そして、食物に代わる新しいエネルギー源が、空中に浮かぶフリーエネルギーなのです。

空中には、H_2O（水）の成分となるH（水素）やO（酸素）が多く含まれていますが、Oを変化させてC化、Si化させるのが可能です。このように、電子のやりとりで元素変化を行うことを、「物質変換」と呼びます。

珪素には、「**シリコンホール**」という、「**ブラック・ホワイトホール**」と同様のグリッドが存在して、シリコンホールが電子を吸収、放出すると、空中から炭素、たんぱく質、糖質、脂質などの栄養素と同じ性質を持つ物質を作り出します。これは、私が高次元の宇宙から授かった知識であり、私以外のすべての人類は把握していない事実なのですが、このような効果があるため、今後の人類は、食事を摂らずにエネルギーが摂取可能となるのです。

実例を挙げると、江戸時代の飛脚は、江戸〜京都間の約４９０キロメートルの距離を数日で走っていたのですが、彼らの食生活は玄米飯と漬物のみでした。飛脚の姿を見た西洋人たちが、さらに体力がつくようにと肉食をすすめたところ、途端《とたん》に走る力を失ったそうです。飛脚たちは、食物からエネルギーを摂取していたわけではなかったのです。現在、普及しているスポーツ科学とは、非常に低い次元のサイエンスと言えます。

人間の体力には、意識が大きく関係します。たとえば、子供が事故で瓦礫《がれき》の下敷きになった場合、母親が瓦礫を持ち上げてしまうなど、極限状態の時、人間は絶大な力を発揮する機会が存在します。その理由は、極限状態に陥ると、フリーエネルギーにより、人間の体内に強力なＡＴＰ（アデノシン三リン酸）という筋肉の収縮を司る物質が大量に発生して、瞬間的に大きなエネルギーを生み出すからです。

遺伝子変化も意識が大きな要素となっており、食事を摂らなくても生きてゆけると意識し続けると、自然と身体が炭素から珪素に変化して、そのようになってゆきます。

身体が珪素化すると、外見が半透明になる効果を生み出します。私の身体は、すでに珪素化しているのですが、最近では写真撮影を行うと、姿が光になっていたりします。また、他人と集合写真を撮影すると、私の姿だけ、身体の一部が写っていない場合があるのです。

姿が消えている最中、私は高次元に到達して、長時間勉強した後に3次元の世界に戻ります。私が3次元の世界で0・0001秒消失している間に、高次元では、数十時間が経過しているのです。私は高次元で学ぶことにより、自身のエネルギーを上昇させています。

エネルギーが非常に高い状態であれば、身体を瞬時に消滅させたり、再び出現するのが可能となります。身体の再出現とは、３次元の世界で身体を新たに構成するという意味であり、地球に飛来する宇宙人が、突然現れて突然姿を消すのは、エネルギーが高い状態であるからです。

自然環境の変化も同様で、いままでの地球人は、科学技術を使用して変化に対応していましたが、それらは、地球人にとってのみプラスになる行為で、同じく地球上に棲む植物、昆虫、動物たちにとっては有害になるものでした。人間の行為が、地球を雁字《がんじ》搦《がら》めの状態にしているのです。

これからは、フリーエネルギーで、環境問題を解決していきます。

高次元の宇宙は、地球人が自分たちの都合で環境破壊を繰り返している現状に対して、警告を発しています。

環境破壊の具体例を挙げると、現在はエコロジーなエネルギー製造方法として、太陽光発電が注目されています。しかし、太陽光を吸収するためのソーラーパネルが設置された山を上空から確認すると、大量のパネルを設置するために、山中の木々の大半が伐採されているという状態になっているのです。山の木々が伐採される結果、山中で暮らしていた動物や植物に大きな悪影響を与えます。太陽光発電の開発こそが、気温上昇や集中豪雨など、地球の環境を乱す大きな要因になっているのです。

現在、大宇宙大和神は、今後も地球人がエゴのままに生き続けたとすれば、「清算」の時期が到来すると警告しています。清算とは、誤った状態に進化した生命に対して処罰を与える行為で、約6500万年前に恐竜を絶滅させた隕石の落下や、旧約聖書の「ノアの方舟《はこぶね》」に記された大洪水は、過去に発生した清算です。そして、現在は、新たな清算の時期が近づいているのです。

仮に、地球人が現在のライフスタイルを続けるならば、世界中の資源やエネルギー源、食糧が枯渇して、世界各地で争いが発生するでしょう。その際、核ミサイルが飛び交う可能性も存在し、人類が滅亡の危機に瀕するかもしれません。そのような事態になれば、日本が難を免れる保証はないのです。アメリカインディアン・

ホピ族の第９の予言は、人類が滅亡するという内容ですが、それが現実化する恐れがあります。

今後、地球人全員が本気で意識と社会の変革を試みなければ、確実に清算の時期が訪れるでしょう。

自己主張とは低次元の意識

先日、私は『朝まで生テレビ！』（テレビ朝日系列）という討論番組を視聴したのですが、その回のテーマは、周辺諸国に対する日本の安全保障問題であり、日本は核武装するべきか、または憲法を改正するべきか、賛成派と反対派の有識者が入り乱れて討論を繰り返していました。

３次元の視点からすれば、それらは重要な問題なのでしょうが、高次元の宇宙の視点から見れば無意味です。日本の核武装や憲法改正は、世界に大きな影響を及ぼす物ごとではありません。

たしかに、今後、日本が核武装や憲法改正を行った場合、メリットを受ける国や地域がある一方、デメリットを被《こうむ》る例もあるでしょう。日本が変革した結果、全世界に利益を与えるのは不可能です。

現在、世界の覇権をめぐって行われている2つの大国の対立も、高次元の宇宙の視点から見れば、人間レベルのエゴであり、低次元の争いに過ぎないのです。

本来、各国家の政府は、自国の状態の改善を目標にして政治を行うのが理想的です。しかし、現在進行中のロシア・ウクライナ問題や、2つの大国の対立のように、現実の多くの国家は、自国の勢力を拡大するために、他国の領土や資源を搾取しようと画策しているのです。これは、新時代で大切になる「手放す」の考えとは、真逆の思想です。

現行のロシア・ウクライナ問題を受けて、多くのスピリチュアリストたちが、世界が平和になれと訴えています。彼らは、自分たちが平和を唱え続けていれば現実化すると思っているようですが、それは不可能です。

なぜなら、彼らが唱える平和も自己主張に過ぎないからです。高次元の宇宙は、多くの地球人が私腹を肥やして生き続けている現状に辟易《へきえき》しており、むしろ警告を行うために、地球上で争い事が発生するように仕掛けているのです。

そのような状態であるにも関わらず、現在は、多くの人々が、『朝まで生テレビ！』の出演者のように、自分が正しい、他人は正しくないといった、自己主張を繰り返しているのが現実です。高次元の視点から見ると、自分の主張ばかりを唱え続けている人々は、宇宙から途切れている状態、まるで幼稚園児たちが言い争いをしているかのように見えます。

自著『ＮＥＯ人類創世記』（ヒカルランド）内で詳しく記しましたが、人類という種族に「愛と調和」を学ばせるために、地球が創造されて、最初の地球存在としてアダムとイブが地球上に誕生したのです。

人類がエゴの感情を持ったのは、アダムとイブが大麻の実を食べて、中途半端に宇宙とつながってしまったからです。いままで、人類は多くのエゴを地球で体験してきた経緯が存在しており、現在は、エゴを手放す段階に突入しました。エゴを手放すというのは、前述したように、食糧やエネルギー源に依存した生活から脱却する行為であり、従来のような、お金やモノを多く手に入れるほど幸せになれるという意識を捨て去るという意味です。

ロシア・ウクライナ問題や、台湾・中国問題など、現在、世界各地で発生している争い事の根底には、何者かが欲望を満たすための思惑が存在します。人々は、欲望を持たずに、「**あるがままに生きる**」べきです。その結果、貧しくなっても、病気を患っても、問題はありません。

大半の人々は、貧しくはなりたくない、病気にはなりたくない、といった不安や恐怖を行動の原動力としています。しかし、人間の寿命は、長くても100年前後です。大宇宙大和神の視点から見れば、人間など埃《ほこり》のような存在に過ぎません。宇宙に存在する自分自身の魂のヒストリーと照らし合わせれば、50年の人生も

１００年の人生も、大きな違いは存在しないのです。

しかし、生存期間が残り50年とした場合、学ぼうとも進化しようともせず、成長せずに生き続けるのと、自分の意識を仕切り直して、高いレベルに到達して新しい人生を生きるのでは、どちらが好ましいかは明白です。

そのような観点から考えると、自分の欲望を満たすことを目的として生きている人は、いつしか破綻の日が訪れますので、一刻も早く進化・成長のない世界から脱却するべきです。

善・悪の概念を捨て去って平和な世界に到達する

高次元の宇宙は、すべての物ごとを中立の視点で見ています。一方、多くの地球人の場合、物ごとの片方、自分にとって都合のよい側しか見ていないのです。この点について、高次元の宇宙は警告を発しています。

高次元に到達した星文明の社会には、善悪の概念は、ほとんど存在しません。この事実が、地球人が新時代を迎える上でのヒントになるのです。

たしかに、3次元的な視点から見れば、現在、ウクライナに侵攻しているロシアは悪であり、日本に対して侵略的行為を繰り返す中国も悪と呼べる存在です。しかし、2ヶ国が悪というのは、あくまでも被害を受けている側からの視点から見た認識であり、ロシアと中国の国民、もしくは2ヶ国の存在によって生活が潤っている人からすれば、ロシアと中国は、善の存在となります。

結局、善悪の判断というのは、国レベルでも個人レベルでも、恩恵を与えられたか否かで決まるものであり、相対的な評価に過ぎません。

今後、地球人が善悪に対する認識を変えなければ、次元上昇は絶対に叶わず、同じ次元を行き来する状態に陥ります。

意識を変える方法として、「他者の視点を持つ」というものがあります。たとえば、ロシアと中国を悪と認識している人がいた場合、2ヶ国の問題点ばかりが目につくでしょうが、2ヶ国の国民の視点で考えると、その問題点は、自国民を幸福にするための手段と考えられるかもしれません。

1から10までのポジションがあった場合、1のポジションの人と10のポジションの人が認識する善悪、あるいは、AからZの26人のグループ内におけるAとZの立場の人が認識する善悪は、まったく異なるものです。それが、地球と呼ばれる惑星に住む人々の特徴なのです。

善悪の基準は個人によって違うとはいえ、地球の集合意識の概念は、他人の持ち物を奪う、人を殺す行為は、総じて悪と見なしています。しかし、それらの行為を行うことで、自分にとってプラスとなる、善の行為であると見なす人が、少なからず地球上に存在しています。現在、大宇宙大和神が通告しているメッセージは、「今後は、地球人1人1人が穏やかに豊かに暮らしてゆけ」という内容です。穏やかに豊かに暮らす人々が増加すれば、自ずと世界は平和になるでしょう。

高次元の宇宙の視点から見ると、穏やかに豊かに暮らしてゆくためには、盗難すら受け入れて許容するべきなのです。

このような話をすると、驚く方も多いと思いますが、私が政治論や人格形成メソッドなどを、3次元の視点から見た場合、世間の常識とまったく異なる意見を述べるでしょう。私の意見は、地球人とは、まったくレベルが異なる神の次元から語られたものであり、普通の人間が理解できる内容ではないのです。

私は、環境を無理に変えようとする行為はよくないと前述しましたが、実際に世界の環境を都合よく作り替えようとしているのは、中国です。しかし、人々が中国の行為を悪と認識するのは、3次元の視点で捉えているからであり、大宇宙大和神の視点から見れば、善・悪の概念は、まったく存在しませんので、許容することが可能となるでしょう。

大宇宙大和神が伝える宇宙的な真理を理解している私からすると、現在、世界中で侵略的行為を展開する中国は、悪の存在ではなく、まるで駄々をこねる赤子のようです。中国に関するニュースを聞くたびに、「しょうがないな、赤ちゃんが、まだ泣き止まないのか」という気持ちになります。

現状、日本人と中国人は、まったく異なる立場に立っています。すぐさま現状を変えるのは不可能ですから、お互いに感謝し合う、受け入れる状態にならなければ、両国の関係を改善するのは不可能です。

すべてを受け入れて、新時代に到達するためには、地球上には、だます者も奪う者も存在するという現実の環境に慣れることが大切です。ロシアや中国は、長い間奪われる立場でしたが、奪う立場に回った結果、大切な事情を学ぶ可能性があるのです。

現実問題、近い将来、日本が中国に占領されるかもしれないという意見が存在します。しかし、大宇宙大和神が言うところによると、現状を危惧して、日本が対抗しようとすれば、事態はさらに悪化するようです。

これは、大宇宙大和神が地球人に対して熱心に伝えようとしている事実なのですが、地球人の大半が中国を許容した瞬間、地球は、中国が侵略行為を実行しない宇宙へと到達するそうです。この現象を、「パラレル変換」と呼びます。

今後は、政治家、専門家、有識者を含めた、すべての地球人が、世界は、歴史の連続によって徐々に変わるのではなく、パラレル変換によって突然変わる、という事実を認識するべきでしょう。たとえ、中国が10年、20年前から侵略的行為を繰り返していたとしても、多くの日本人が、「中国の侵略は1年前に終わった」と認識すれば、突然、状況は変化します。飲み込まれそうになっている日本とは、「さよなら」できるのです。

この世界には、無数の宇宙が存在しており、ひんぱんに争い事が起きる宇宙も、穏やかで平和的な宇宙も数多く存在します。地球人は、パラレル変換によって、自分たちが理想とする地球が存在する宇宙に飛び移ればよいのです。

正直に言うと、私だけが別の宇宙に飛び移るのは可能ですが、それでは、他の人々を見捨てる形になりますので、あえて実行しないのです。私は、自分と関連する方々と集合意識となって飛び移りたいと考えています。

現在の日本人は、集合意識として、外部の勢力に飲まれそうになっている日本から脱出する手段を持っていません。無数のパラレル宇宙の中に、多くの地球が存在するのですが、日本人は、１つの可能性の地球しか選んでいないのです。仮に、多くの日本人が、パラレル変換を意識するようになれば、現状は一変するでしょう。

当然ながら、今後、地球人の身体が珪素化して、次元エネルギーが上昇してゆくにつれて、社会のスタイルは段階的に変化するのですが、いまのままでは、それには莫大《ばくだい》な時間を要します。読者の皆様が、この本や、過去の私の著作を詳しく読んで、パラレル宇宙の存在を知って、大宇宙大和神の真意を受け入れることが叶えば、新しい宇宙に瞬間移動できます。

多くの人々が、３次元世界における変化の要因を誤解していますが、宇宙がパラレル変換するという事実を知らなければ、高次元の事情は理解できません。

パラレル変換を行うたびに、自分が理想とする地球が存在する宇宙に到達できるわけですが、自分にとって大切な人物を新しい宇宙に引き連れていくためには、その対象の人も、善・悪という概念を捨て去り、すべてを許す意識を持つことが重要となります。たとえ、強い憎しみを抱く人物や存在があったとしても、それを受け入れた上で、どうすれば、自分が幸福になれるか意識してみるのです。

実際、私たちは、毎瞬、0・00001秒ずつパラレル変換しています。私が別の宇宙に到達して、0・00001秒で3次元世界に戻るのと同様、読者の皆様も、0・00001秒ごとに、様々な宇宙に、飛び乗るかのように移動しているのですが、多くの人が固定観念に囚われているので、3次元宇宙以外を認識するのが不可能なのです。

人間は、意識が変わらない限りは、同じ性質の宇宙を選び続ける習性があります。たとえば、特定の人物や存在が悪いという想いが強ければ強いほど、特定の人物や存在が悪いという宇宙にのみ到達します。それが超高次元の法則なのです。

宇宙は中立のエネルギーで成立している

そもそも、世の中の風潮を変えるような、斬新な発想を唱える人物は、世論に耳を貸そうとはせず、世の中と交わろうとしません。そのような人物は、自分のみが新しいパラレル宇宙に到達していますので、当初は変人と見なされるのですが、後年に偉業が認められるというのが恒例です。

それに対して、集合意識の大多数が、特定の人物や存在が悪いと唱えている時に、自《みずか》らがそれに同調してしまうと、集合意識が選んでいる地球にしか到達できない結果、不幸な状態で生き続けることになるのです。

私は常日頃から、「受け入れなさい」「中立の立場を取りなさい」と、皆さんに対して唱えているのですが、世の中のすべてのことには、何らかの役割が存在するのです。世界には、悪と見なされる人物や組織が存在しますが、彼らは地球人に進化・成長をもたらすエネルギーを与えるという役割を担っています。

私たちが生きている宇宙では、悪と見なされる、非難、否定される者が存在しなければ、自分自身がエネルギーを上昇させるのは難しいのです。悪を、エネルギー上昇の手段とは何かと気づかせてくれる、学ばせてくれる存在、と考えて感謝する気持ちが、ものすごく重要なのです。

赤塚不二夫先生の漫画『天才バカボン』の登場人物であるバカボンのパパの口癖は、「**これでいいのだ**」ですが、「バカボン」とは、サンスクリット語で「無償の愛」という意味です。「**これでいいのだ**」という精神で物ごとを受け入れる無償の愛の世の中になると、テレビニュースから流れる報道の内容も変化してゆくと思います。たとえば、「(いままで、悪と見なされていた存在が)素晴らしい偉業を成し遂げました」など、プラスのイメージのニュースが報道されるようになるでしょう。

より多くの人が、この本を読んだ結果、中立の意志の持ち方を習得すれば、集合意識が変化して、それに伴《ともな》い世界の風潮も変化して、世界中の人々の意識や行動も変化するのです。

繰り返しになりますが、この本の中で私が伝えている内容は、神のメッセージですから、３次元の世界の常識とは、まったく異なったものです。これはキリスト教の教義に近い内容ですが、「悪い国や悪い人間こそ愛してゆく」。悪が存在するからこそ、自らが善の方に進む力が誕生するのです。悪には存在意義があります。

もう1つ、大宇宙大和神が人々に伝えようとしていることがあります。仮に世界中から非難され続けている国家や組織に対して、「いままで、悪の存在であり続けてくれて、ありがとう」などと、人々が唱えるようになれば、その国家や組織に所属する人々は、直感的に心地よさを感じて、世界に対する態度が穏やかなものになるでしょう。個人同士の喧嘩《けんか》でも、片方が相手を認めるような言葉を発すると、途端に和解することがありますが、その現象と同様です。

現在のロシア・ウクライナ問題に関しても、大宇宙大和神のレベルから見ると、両国がお互いに感謝の気持ちを持つべきなのです。しかし、世界中の大半の人々が、「ロシア＝悪、ウクライナ＝善」という認識を持っているため、一向に事態が改善しません。極論すれば、ウクライナのウォロディミル・ゼレンスキー大統領が、ロシアに対して、「いろいろ学ばせてくれて、気づかせてくれて、感謝している。ありがとう」などと、毎日唱え続けると、宇宙によって強力なサポートが行われる結果、事態は平和的な方向に進んで、早期に解決するでしょう。

現在のロシアとウクライナは、互いに批判を繰り返していますが、それは自国が置かれた環境を究極的に弱める行為なのです。私が何度も伝えているように、自らが置かれている環境を、すべて受け入れて、手放してゆく。自分の思い込みを、環境を受け入れて、執着を手放してゆく。それを達成すると、意識の次元が上昇するのです。

大宇宙大和神は、穏やかに存在する状態を最高の幸せと見なしています。大切なのは、新たにモノを手に入れたり体験するのではなく、過去、現在、未来にいたるまで、穏やかに自分が存在し続けていると、意識することです。

たとえ、自分が住む地域で戦争が継続していたとしても、大規模な暴動が発生したとしても、「この地が愛おしい」と、すべてに愛と感謝の念を抱き続けていれば、相手が自分を攻撃する機会は減るでしょう。逆に攻撃する側に対して批判を繰り返していると、争いの宇宙を選び続けて、相手が攻撃を仕掛けてくる結果となります。

極限状態に陥ったとしても、干渉せずに、「そのままで、穏やかに、幸福でいる」という意識を保ち続けるテクニックを身に付けることが、宇宙の法則において大切な要素なのですが、現在の地球の環境下では、非常に難しいことでもあります。

大宇宙大和神は、自分が、「いまここに、穏やかに存在している」と、心の中で認識している感覚のみが、「自分の宇宙」であり、自分が観測、観察する物ごとは、すべて、自分以外の「別の宇宙」の存在であるという真実を、地球人は把握するべきだと伝えています。

本来、外の宇宙の出来事は、自分の宇宙とは、まったく無関係であり、本人の意識が、強引に外部の要因を引っ張り込む結果、あたかも、自分の宇宙と関連があるかのように錯覚するのです。

今後、外国の日本侵略計画が加速化して、日本の土地の大半が、実質外国の所有地になったとします。その場合、大半の人は不幸せに感じるでしょうが、その理由は、日本という国家が消滅する結果、日本人としての思い入れや財産がすべて消失すると考えるからでしょう。

しかし、国家の安定は永遠に継続しません。仮に、日本が外国の勢力の撤退に成功して、10年、20年間、繁栄の時代が到来したとしても、30年、40年後には、外国が侵略的活動を再開して、日本の勢力が縮小する可能性が存在します。

その理由は、宇宙は常に中立のエネルギーで成り立っているため、片方の勢力が優勢になると、必ず揺り戻しが発生するからです。国家を例に取ると、アメリカが覇権国家になった後に、日本にバブル時代が到来して、21世紀は中国が勢力を拡大するなど、交互に繁栄の時期が訪れています。そのため、日本という国を守りたい、日本人は日本人であり続けたい、といった、条件付きの幸せは、絶対的なものではないのです。

宇宙的な観点からすれば、住んでいる国や地域の状況には、大した意味が存在せず、自分の魂が一定の場所に存在して、穏やかな幸福を味わい続けているならば、何の問題もありません。今後は、すべての状況を受け入れて、執着を手放して、周囲の状況に無関心であり続ける状態を目指すのが大切な要素となります。

ただ、一口に無関心と言っても、3次元的な意味での無関心である、「政治に関しては無知」「何事にも興味が持てない」といった、「物ごとに関心が無い」状態ではありません。それに対して、高次元的な意味での無関心とは、すべての物ごとを受け入れた上で、「それは、それでよい」と、「達観した意識を持つ」状態のことなのです。

古代から中世にかけて、日本は周辺諸国から何度も侵略的行為を受けましたが、近世になって日本が近代国家化すると、周辺諸国に対して侵略的行為を実行しました。そして、揺り戻しの効果によって、現在は日本の勢力が衰えている状態です。

双方が交互に優勢となるのは、宇宙の自然な状態であり、勢力を偏《かたよ》らせずに均《きん》衡《こう》を保っているのです。

すべての物質を構成する素粒子も、一定の範囲を回転し続ける性質を持ち、特定の方向に進行することはありません。私たちは、均衡を繰り返すという宇宙の法則を、受け入れるしかないのです。

人間一人一人の宇宙が存在する

私たち人間は地球上で生活しています。身に降りかかる悩みや困難、不調や病気などの、あらゆる身体と人生の問題を、地球の表面でリアルに体験しているわけです。問題を体験しているのは、自分自身なのですが、大きな問題に直面した際、他人の状況と比較した経験が誰にでもあると思います。

大宇宙大和神によると、「個の分離」、つまり、自分と自分以外、という意識がもっとも強い星は、地球であるようです。人間は、自分と他人を比べた場合、互いの優劣を区別しようとする性質を持ちます。

つまり、人々の心の中に、現状が、「地球の平均」より上の状態か、あるいは下の状態か、という思想が、こびりつくかのように定着しているのです。大宇宙大和神によると、この思想こそが不幸の大元になっているそうです。

人間が新しい段階に進化するためには、分離状態となっている自分と他人を比較する意識を、消失させる必要があります。多くの人が、望まない問題により対応に四苦八苦している理由は、自分と他人を比較して、自分の現状を判断しているからです。

大宇宙大和神は、自らが存在する55次元から見た世界を人間たちに体験してほしいと語っています。高次元から人々を見渡せば、地球上には、同じくらいの強さの無数の光が輝いている光景が視界に入ります。そして、無数の小さな光の1つに焦点を当ててみると、光の中には広大な宇宙が存在します。つまり、人間の光とは、「宇宙」なのです。

一人一人の宇宙で展開する事情、良い出来事も悪い出来事も、体調の良し悪しも、すべては、まだ宇宙の意識だった頃の個の魂が、あらかじめ設定したシナリオやストーリー展開の一幕なのです。地球は1つの惑星ですが、その上に無数の宇宙が乗っている状態です。その事実を、読者の皆様は、ぜひとも把握してください。

しかし、大半の地球人は、すべての人が共有している宇宙のみが見えている状態なので、自身の意識が望んだ宇宙を作り上げたという事実が存在するにも関わらず、多くの人が問題を外部から降り注ぐアクシデントだと誤解しているのです。

大半の人は、他人も自分と同じ宇宙を見ていると思っているのですが、上の次元の視点から見ると、それぞれの宇宙が分離しています。たとえば、A氏とB氏の2人が、同じ物ごとを体験したとしても、A氏の宇宙とB氏の宇宙では、まったく異なる出来事になります。多くの人が事実を知らずに、全員が同じ宇宙で生きていると錯覚している結果、争いが発生するのです。ただ、この場合の宇宙の分離とは、一人一人の宇宙が完全に独立しているというわけではなく、個別の宇宙が存在した上で、周囲の宇宙同士が融合している状態を指します。

すべての人々が、個別の宇宙を所有します。そのすべてが、「同じ光」という意識を持つことが大切です。高次元の視点から人間を見ると、比較という行為自体が、宇宙に存在しないと理解できるでしょう。

それにも関わらず、現在の自分の姿こそが、自分自身が望んだ最高の状態であると認識できない場合、人間は必死になって自分を変えようとします。1秒後、1時間後に自分を変えようとする、明日は違う自分になろうとする、生まれ変わった状態で死を迎えようとする。そのような意識が進化を妨げるのです。1秒後も1年後も、あるがままに生き続ける、現在の状態でよいと自分自身を受け入れると、自然と最高の状態に変化してゆくのです。

大宇宙大和神は「(人間は)変わろうとしても、変わるものではない」というメッセージを伝えています。結局、人生とは自分自身が作り上げたストーリーなので、全面的に受け入れる結果、宇宙の意識である高次元に存在する自分が、地球に存在する自分を形作るのです。

反対に、自分の人生に対して抵抗や否定の姿勢を見せると、よい結果にはつながりません。高次元の視点から見ると、自己と人生の否定とは、あらかじめ決められたシナリオを無視してでたらめな演技をするような状態です。

自分が自分自身に対して意識を向ける行為は、すべてに意味があるのですが、自分が他人に対して感じている意識は、別の宇宙にあるので、自分には影響しません。自分以外の存在に意識を向ける行為は、まったくの無意味なのです。

自分を防衛するために行う他人への攻撃

大宇宙大和神の視点から見れば、人間の宇宙には優劣は存在せず、すべてが素晴らしいものです。なぜなら、一つ一つの宇宙は、個人が最も望んだ宇宙であり最高傑作であるからです。

そのような現実が存在するにも関わらず、多くの人々が他人の悪口や批判を繰り返しているのは、自分の意識が自分自身に向いていないからです。

現代人の多くが、意識が他人の方ばかりに向いており、自分に向き合わないがゆえ、心の中に不安と恐怖が湧き上がっています。その状態が自身のエネルギーの上昇を妨げているのです。

意識が他人に向いているというのは、他人の宇宙に干渉しようとする状態です。本来ならば、自分自身の宇宙の中で生き続けていれば、何の問題もないはずですが、多くの人は、まるで害虫のように他人の宇宙に無理矢理割り込もうとするのです。

大宇宙大和神によると、個人の宇宙では、次の瞬間、時間で例えると1秒後には、無数のパラレル宇宙の選択肢が出現します。

つまり、人間は自身が望む方向に到達することが可能なのですが、他人の方に意識が向いている人は、特定の宇宙のみを選択しているようです。彼らは、集合意識が「こちらに進め」と仕向ける宇宙、既存の常識や固定観念によって作られた宇宙を常に選択させせられているのです。

他人の介入や干渉を受けずに、自分自身で宇宙を選択し続けると、エネルギーが上昇する効果を生み出します。

現代社会では、他人や社会の影響なしでは生きてゆくのは不可能という風潮があります。家族や友人、または、自分が愛する人物や自分を愛してくれる人の尊さが語られますが、それらは、地球上における偽りの認識でもあるのです。他人の存在が必須という認識から脱出することが、新しい時代に必要な要素となるのです。

他人の影響下から抜け出すのは難しいと思う人は多いでしょうが、後述する高次元の存在から寄せられたフレーズを使用する、あるいは、自らパワースポットを築いて意識エネルギーを上昇させるなど、自身の意識や行動を改めると、自分の宇宙を自由自在にコントロール可能となります。次の瞬間に発生する、自身が望むパラレル宇宙に到達できるのです。

現在の人々は、不安や恐怖を、目に見えない勢力から日々植え付けられている状態です。新型コロナウイルス、原発事故による放射性物質流出、電磁波、食糧危機、エネルギー危機といった、不安や恐怖を煽《あお》る言葉が飛び交う結果、人間の心に、自分もしくは家族や友人など周囲の存在のみを守ろうとするプロテクションの意識が生まれるのです。

プロテクションの意識が生まれると、自分にとって危険となる外部の存在を消滅させたいという考えが芽生えます。そのため、現代人は、他者を批判して叩き潰そうとします。

プロテクションの意識が芽生えるのは、他人の世界が自分に影響すると思い込んでいるからです。本質的に、人間の宇宙は他者の宇宙に影響する性質を持ちません。自分の心に不安や恐怖が生じる結果、他人が自分に対して攻撃を行う宇宙を自分自身が作り出しているのです。

本来、不安や恐怖は必ずしも不必要な感情ではありません。そこから学べる要素も存在するのですが、大半の人は学びを得ようとしないのです。不安や恐怖が生じた際は、外部の存在を潰して解決しようとするのではなく、そのような感情に影響を受けない人間に変化しようと意識するのが理想的なのですが、それを容易に行える人は多くありません。その理由は、プロテクションの力が非常に強固だからです。

プロテクションの意識が強い人は、自分にとってプラスとなる存在は総じて善と見なし、マイナスとなる存在は悪と見なします。あたかも、ミツバチの巣に侵入するスズメバチのように、マイナスの存在を徹底的に攻撃して、自分の身だけを守ろうとするのです。

この思想は、宇宙的な視点から見ると、完全に間違ったものです。悪とは、自分の意識が自身の進化・成長を促すために自分の宇宙の中で作り出した要素の一つに過ぎません。悪を潰したいという意識から卒業して、受け入れることが可能になると、自然と不安や恐怖は減少するのです。

しかし、現在のメディア報道は、不安と恐怖を煽るものばかりです。前述した『朝まで生テレビ!』のように、テレビ番組に出演する評論家やコメンテーターたちは、前向きな意見は語らずに、他者に対する批判や悪口を繰り返しているのが現実です。彼らの言動は、とても次元が低い、意識エネルギーを低下させる行為なのです。

評論家やコメンテーターは、批判や悪口を繰り返して収入を得ているのですが、大宇宙大和神の次元の視点から見れば、もっとも成長を促《うなが》さない意識のあり方です。しかし現実の日本では、評論家やコメンテーターが政界に進出して権力を得る例すらあるのです。

人々が目醒めると新時代が到来する

大宇宙大和神は、３次元世界におけるテレビやインターネット上で人々が互いの意見を述べたり、トップやリーダーと呼ばれる立場の人間同士が争うというのは、無意味な行為だと、私に対して伝えています。対立している者同士は、世界をよくしたいという気持ちがあるのかもしれませんが、お互いに自分の意見を唱えるだけでは、何も生まれません。

多くの人々は、どのようにすれば日本が侵略されないか、エネルギー源を確保できるか、食糧問題を解決できるか、しきりに自分の意見を述べますが、問題の解決に視点を当てている限り、いつまでも地球人は進化しません。解決するのではなく、視点を変更するのが肝心なのです。

仮に、地球人たちが自分の意見を主張し合う限り、今後、確実に清算が行われて、再び、地球に悲しい時代が訪れます。そのような事態になるのを防ぐために、高次元の宇宙は、地球人に対して故意に試練を与え続けているのです。

私たちは、高次元の宇宙の意思を無駄にせず、高次元の宇宙から発せられるエネルギーに気づいて学ぶ必要があるのです。それは、憲法改正や核武装など、形式的なものではなく、人々の意識そのものが変革しないと達成できません。

読者の皆様には、この本を読んだことを機に、「目醒《めざ》め」が訪れるのを期待しています。目醒めが瞬間的に訪れた場合と、そうでない場合とでは、今後のすべての感覚や体験が異なったものとなるでしょう。

多くの人々は、「自分の視点」の中でのみ生きていますが、外の世界からの視点を持たなければ、自分が進むべき道に対して、「ああでもない、こうでもない」と、もがき続けながら人生を終えてしまう例が大半です。

私が講演会やイベントを開催するたびに、多くの人々が参加します。私の話に強く影響を受けているコアなファンも存在する一方、私の話を何度も聴いているにも関わらず、日常生活の場では意識が低下してしまう人も珍しくありません。

私自身は、参加者たちが意識の上下を繰り返すのではなく、１度目の講演の時に意識が上昇する、２度目にはさらに上昇するというように、段階的にレベルアップしてもらいたいのですが、それを実現する人は、多くはないのです。

その理由は、現代社会は集合意識が強すぎるからです。多くの人がテレビやインターネット発の情報を全面的に信じ込んで、世間で通じているような常識・固定観念を生み出しています。大多数が、善人もしくは普通の人と認識されたいと思っているがゆえ、メディア発の情報に染められてしまい、結果的に、「ゾンビ人間」「奴隷人間」とでも表現される状態になっています。

「目醒める人」が増加すれば、集合意識も変わりやすくなるのでしょうが、現状は非常に少ない状態です。世間が乱れている現在、不安や恐怖をきっかけに、人類の意識は変わるチャンスを迎えているので、この本や、私の以前の著作を読んで、目醒める人が誕生することを望みます。

今後は、私の著作のような「**目に見えないものを伝える本**」に対する注目度がアップするでしょう。

第2章

宇宙・地球人を形作る大いなるエネルギー

宇宙を統率する組織は存在しない

現在の地球に生きている人間たちの最大の弱点は、「視野が狭い」こと、であると私は思います。

大半の人には、自分や自分の周囲しか見えていません。自分の人生を新たに捉えて、大きな変化を生み出すためには、大局的に、宇宙と地球の仕組みを知るというのが、とても大事な要素になるのです。

私は、過去の自著などで、大宇宙大和神こそが、地球に関与している至高神であり、神として最も次元の高い存在であると、読者の皆様にお伝えしてきました。私が国内や海外各地で行ったエネルギー開きによって、地球と宇宙のエネルギーが大きく次元上昇して大宇宙大和神の立ち位置が、50次元から55次元に変化したという事実を、自著『至高神 大宇宙大和神の導き』（青林堂）に記しました。

大宇宙大和神の姿勢は、宇宙や地球の様子を、高次元の位置から見守るというものですが、大宇宙大和神よりも、さらに高い次元に存在するエネルギーが、宇宙や地球に進化・成長をもたらすためのトライアル（試験）を人類に与え続けてきたのです。

そのトライアルを与えているのは、現在、スピリチュアル関係者の間で、盛んに話題になっている「宇宙連合」と呼ばれる組織ではありません。

宇宙連合を要約すると、正しい心を持つ星文明の人々が結成した、宇宙の秩序を正そうとする集団です。「銀河連合」、「アシュタールが率いる宇宙連盟」などと呼称される場合もありますが、大宇宙大和神が言うには、そのような存在は、総じて組織の実在を意識する地球人の集合意識が創り上げている宇宙の一部に過ぎないそうです。

だいいち、組織を結成するという行為自体が、あくまでも低い次元、３次元の地球における発想であり、大いなる宇宙において、代表が集まって議論するという、地球の国会のようなシステムは採用されません。

実際は、一般的な地球人一人一人の意識が、何十億人の「地球の集合意識」に大きく影響して成り立っているのだと、私は常日頃から人々に対して伝えています。

実は宇宙にも集合意識が存在します。それは、水星、金星、地球、火星、木星、土星、天王星、海王星の太陽系の星文明、および、プレアデス星、シリウス星、アルクトゥル星、ベカ星、リラ星といった、高い意識を持つ星の文明の意識をすべて融合したものを指します。本来、アンドロメダ星雲など、各星雲に集合意識が存在しますが、それらをすべて語ると、途方もなく壮大な話になってしまいますので、本書では、銀河系の宇宙の集合意識についてのみ解説します。

宇宙連合や銀河連合と呼ばれる星々の代表が運営する組織が存在して、組織によって、宇宙の物ごとが決められていると認識される方もいますが、前章で宇宙のエネルギーは中立であると記したように、高度な宇宙の星の文明には、地球のように統率する側、統率される側は存在しないのです。そのため、宇宙の集合意識とは、それぞれが統率されずに独立した個の星文明の意識の集合体という意味です。

それに対して、地球の集合意識の中でもっとも強い力とは、「不安や恐怖」であり、それに次ぐ力が、「怒りや不満」です。そのため、地球人の集合意識は非常に進化・成長の速度が遅い性質を持つのです。

高度な宇宙の星文明の意識の中には、不安や恐怖、または怒りや不満といった感情は、ほとんど存在しません。それらの宇宙の星々は、各文明が独立しており、互いに干渉する機会は、皆無なのです。各星の文明同士がお互いを尊重し合っているのです。そのような意識が融合した体系を、「宇宙の集合意識」と呼ぶのです。当然、地球にトライアルを与えて見守る機会はありますが、直接訪れて干渉活動を行うなど、直接関与する機会は皆無です。

過去の自著にも記したように、宇宙の集合意識を構成する星々の文明にも次元の高低は存在しますが、それらは融合状態になった場合、次元エネルギーが上昇する性質が存在します。しかし、地球の集合意識の場合、例えば、次元の高い者と低い者の意識が混ざり合うと、低い方の意識が強すぎる結果、「中間意識」の状態になってしまいます。中間意識というのは、もっとも進化しづらい状態であり、それが、従来の地球の集合意識を形成していたのです。特に、日本人の多くが、富裕層でも貧困層でもない中間所得層を目指していますので、その意識が、進化・成長を妨げ続けた経緯が存在します。

宇宙の頂点に位置するエネルギー「MOU」

宇宙の集合意識の場合、地球ほど低い次元が存在しませんので、次元エネルギーが高まり、知識と情報が増加する結果、トップエネルギーの次元と化します。これこそが、**「MOU（マスター・オブ・ユニバース）」**と、私が呼ぶエネルギーなのです。私が宇宙連合、銀河連合、リーダーといった言葉を使わないのは、繰り返しとなりますが、そのような組織が存在しないからです。

宇宙の星の文明では、55次元の大宇宙大和神と対をなすアソビノオオカミが「存在」としてのトップであり、さらに高次元の宇宙の集合意識とは、存在ではないエネルギー体なのです。そのエネルギー体が融合した、宇宙の集合意識の頂点こそが、「ＭＯＵ」、宇宙のマスターなのです。

「ＭＯＵ」は宇宙と地球にトライアルを与えて統制するエネルギー体であり、大宇宙大和神が常に地球を見守り続けている理由は、「ＭＯＵ」から発せられたトライアルであるからです。そのようなシステムが宇宙には存在します。

レムリア文明とアトランティス文明は超古代の地球文明ですが、レムリア文明はシリウス星文明から、アトランティス文明はプレアデス星文明からと、宇宙の星文明から直接影響を受けていました。

シリウス星もプレアデス星も「ＭＯＵ」の支配下にあるのですが、この場合の支配とは、逆らうと罰則が与えられるような強制的なものではなく、言葉で例えると、「このようにしましょう」といった雰囲気の、緩やかな体制です。宇宙のトップが「緩やかな指令」を行っているというのが、重要なポイントです。

宇宙に存在するすべての星文明は、「ＭＯＵ」から緩やかな指令を受けています。いままで、地球に何度も関与したことのあるオリオン星文明エネルギーが、火星文明の宇宙生命体のＤＮＡと、地球由来の古代ザルのＤＮＡが、トリプル融合した結果、人類が誕生したという経緯がありますが、それらの行為は、すべて「ＭＯＵ」の指令によって実施されたものなのです。

絶対的な事実を述べると、「ＭＯＵ」とは、いわば、宇宙を生み出して存在させているエネルギーなのです。「ＭＯＵ」が宇宙と地球に緩やかな指導を行う理由とは、私が使う言葉で例えるならば、「愛と調和」で溢《あふ》れた宇宙を造り出すことが目的だからです。「ＭＯＵ」にはエゴの意識が存在せず、宇宙を進化させるための方法を客観的に判断して指令を行い続けているのです。

アソビノオオカミは、大宇宙大和神と同じ次元のエネルギーを持つ存在でありますが、大宇宙大和神が地球を管轄しているのに対して、アソビノオオカミは宇宙に留まり続けています。地球に大きく関与する役割を担っているのが大宇宙大和神であり、アソビノオオカミは、地球が宇宙の中でバランスが取れた状態を保ち続けるように見守っている、という役割の違いはありますが、アソビノオオカミも大宇宙大和神も最高次元のエネルギーである「ＭＯＵ」からの指令に基づいて行動しています。

地球人を進化・成長させるために「ＭＯＵ」が与えたトライアル

これまで、地球人は２度の世界大戦を経験しました。特に日本人は第２次世界大戦で敗北して大きな痛手を負いましたが、それすら、「ＭＯＵ」の指令の１つに他ならなかったのです。

私と同一体である大宇宙大和神の視点から、読者の皆様に伝えたい内容とは、現在の新型コロナウイルス禍や、世界各地で行われる戦争や紛争、エネルギー・食糧不足、環境破壊など、様々な問題が重なる中、そこから人類が気づくべき、学ぶべきものが存在するという事実です。すべての問題は、宇宙から投げかけられたものです。

現在のロシアや中国は、アトランティス文明、プレアデス星文明、オリオン星文明のエネルギーが介在しているのは事実なのですが、彼らは総じて、宇宙のトップである「ＭＯＵ」からの指導を受けています。その事実を把握せず、介在している存在のみを批判すれば、余計に活気づく結果となります。なぜなら、介在している存在が、自分たちの行為を「正しい」と認識しているからです。彼らの行為は、あくまでも「ＭＯＵ」からの指令に基づいたものに過ぎず、それを悪と見なすのは地球の集合意識です。

「ＭＯＵ」は地球人に直接関与するのは不可能で、見守ることしかできませんから、新型コロナウイルスを利用して、人類を進化・成長を促そうとしました。大宇宙大和神の視点から見ると、「ＭＯＵ」は、当初、コロナ禍を流行開始から半年で終息させる予定だったようですが、人類の方向性は変化しませんでした。「ＭＯＵ」

の予想は大きく外れたのです。

コロナ禍が短期間で終息しなかった理由は、ウイルス流行を要因として、地球人の不安や恐怖が格段に上昇したからです。人々の不安や恐怖を煽《あお》ったのは、政府や専門家なのですが、彼ら自身も「上の存在」から操られているに過ぎません。上の存在は、ディープ・ステート、ホワイト・ハット、影の勢力など、様々な名称で呼ばれますが、彼らもまた、プレアデスやオリオンといった星の文明に操られているのです。

そして、それらの星文明に指令を与えているのは「ＭＯＵ」なのです。「ＭＯＵ」は、地球人に半年間コロナウイルスによる不安や恐怖を抱かせた後、人々が不安や恐怖を手放す結果、宇宙にゆだねる生き方を選択すると想定していたのですが、実際の地球人は、平和な宇宙を選ばずに、さらなる不安や恐怖の宇宙へと突入してしまいました。

そのような状態で、仮に半年間でコロナ禍が終息していたら、地球人は何も学ばなかったでしょう。地球人の動向をすべて観測した「ＭＯＵ」は、半年間で従来株を消失させてから新型株のコロナウイルスを発生させて、新たなトライアルを実施したのです。新型株が流行した時期は、専門家やメディアが一斉に騒ぎ出して、マスク着用の義務化や行動制限が実施されました。

コロナ禍が始まって３年が経過しますが、「ＭＯＵ」は地球人が安全に学べるように、コロナウイルスをエイズウイルスや腸炎ビブリオウイルスのような高い致死率を持たない、「優しいウイルス」にしたのです。

そのような状態にも関わらず、いまだに多くの地球人が、コロナウイルスに対して不安や恐怖を感じているため、大宇宙大和神は、「ＭＯＵ」の学びを受け入れない地球人に対して絶望感を抱き始めています。しかし、大宇宙大和神とアソビノオオカミの存在意義とは、地球人の救済であるため、見捨てることは不可能なのです。

特に、本来は世界の中心、リーダーとなるはずの日本人が、コロナ禍において、マスク着用やワクチン接種に頼り、もっとも低迷している現状を、大宇宙大和神は非常に悲しんでいます。大宇宙大和神は、物質としての肉体を有していませんので、実際に涙を流すわけではありませんが、魂の涙を流しているような状態です。

意識レベルが低すぎる、いまの日本人

今回のコロナ禍に関しては、地球人が「ＭＯＵ」の期待を、ことごとく裏切った経緯があります。前述したように、半年が経過しても人々が不安と恐怖を抱き続けたため、「ＭＯＵ」は新たな株を発生させて新たなトライアルを実施しました。２回目のトライアル期間は、約１年間に設定されて、その間に地球人自身が、コロナウイルス感染症は単なる風邪のようなものであり、専門家やマスコミの意見に左右される必要はないという事実に気づく、言わば、「奴隷状態から解放される」ことが求められていましたが、実際は１年間で、人々の奴隷度はさらに高まりました。

地球人の意思は、「ＭＯＵ」の目論見を完全に裏切るものでした。これほどまで

に人々、特に日本人が低次元に陥っている、意識状態が駄目になっているということを、「ＭＯＵ」は、まったく予測していませんでした。その結果、地球人は、まだ学びの段階に達していないと「ＭＯＵ」は判断して、次のトライアル期間を与えたのです。それが昨年夏（令和４年）まで継続しました。

およそ2年間にわたって、世界中の人々は専門家や政府に操られ続けてきたのですが、令和４（２０２２）年度から、ようやく真実に気づき始めて、世界は宇宙からの期待に応えるようになりました。そのような状況にも関わらず、唯一真実に気づいていない、要請に応えていないのが日本人なのです。その現状を、大宇宙大和神とアソビノオオカミは非常に嘆いています。

メディアが専門家を動員して、コロナウイルスに対する不安や恐怖を煽《あお》り続けているというのもありますが、日本人が世界中で一番意識状態が低いという事実が判明してしまいました。大宇宙大和神やアソビノオオカミが訴えているように、本来ならば、日本には世界のリーダーになるというエネルギーグリッドが組まれているのですが、日本人の意識が低すぎるゆえに発動していないのです。

令和４年は、日本人が、どの方向に進むかによって「ＭＯＵ」の意思が決定されるという瀬戸際の時期だったです。最近、ようやく日本人の集合意識が少しだけ変化しており、政府がコロナ感染症を２類から５類指定に変更する方向に動き出しています。

「ＭＯＵ」は、令和４年の夏季の時点で、日本人の大半がマスクを着用せずに活動していると予測していたようです。しかし、現実は、街を歩く人々のほぼ１００％が、いまだにマスクを着用し続けています。これは、かなり絶望的な状況であり、高次元の宇宙から見れば、早期にマスク着用の気風を消滅させるためには、いますぐにでも、コロナウイルスの分類を変更するしか方法は存在しません。しかし、現行の岸田文雄首相が一向に変更を決定しないため、今後、半年、１年と、マスク着用の実質義務化が延長される可能性が存在します。

世界の人々が真実を学び始めている一方、いまだに日本人のみが学んでいないので、日本に向けて課題が下されています。現在の日本で、円安、物価高、燃料や食料品の高騰、周辺諸国からの脅威など、様々な問題が発生しているのは、日本人を目醒《めざ》させるための「ＭＯＵ」による試練なのです。今後、日本人が学ばなければ、試練はさらに増えるでしょう。日本人が相次ぐ苦難に耐えられるか、大宇宙大和神は危惧しています。そのような状態にも関わらず、大半の日本人には、「自分たちが試されている」という意識が存在しません。

日本人は本来の精神を取り戻すべき

いまの日本人は、自分たちが蒔《ま》き続けた誤りという種が日々育ち、それを体験している状態です。特定のタイミングで、その事実に気づかなければ、次なる試練が「ＭＯＵ」から与えられるでしょう。

そもそも、すべての日本人が、令和４年の夏にコロナウイルスに対する不安や恐怖を払拭していれば、紛争や異常気象は発生せず、現在の世界は、非常に穏やかな状況にあったでしょう。ここまで世界が乱れたのは、「ＭＯＵ」によるトライアルに失敗し続けているからです。

それでも、コロナウイルス流行から2年後には、世界中の大半の人々が真実に気づきはじめたのですが、３年が経過しても、一般的な日本人は気づかないままです。その事実を、日本人は自覚するべきだと思います。

前述したように、多くの日本人には集合意識によって発生した中間意識が宿っています。特定の国家が悪い、メディアが悪い、ワクチンが悪いなどと、目に見える存在を非難する機会はありますが、大元の問題である、現在の自分たちは試されている、気づいて学ばなければならない物ごとが存在する、という意識が、ほとんど抜け落ちています。

日本人に自立心が存在しないのは、戦争に負けてアメリカに統率され続けてきた結果でもあります。

戦後の日本は、日米安全保障条約に基づいてアメリカの守護下に存在しました。その状態は、日本にとって、ある意味大きなメリットにはなりましたが、その代わり、自立心が失われて、すべての物ごとを他人任せにする意識が生まれてしまいました。

日本に駐在するアメリカ軍兵士の中には、日本が他国に侵略された際、日本のために戦い、その結果、死亡しても構わないという気概《きがい》を持つ者がいるそうです。戦時中の神風特攻隊を見ればわかるように、かつての日本人には、そのような気概が存在しました。そして現在、日本人の魂は完全に死んでいる状態ですが、魂の殺害を行ったのは「ＭＯＵ」の意志に踊らされたアメリカです。

戦時中の日本人は、日本は「神の国」であり、自分たちは世界で最高の民族だと驕《おご》り高ぶりました。日本人が増長するのを受けて、「ＭＯＵ」は謙虚《けんきょ》の精神を学ばせるために戦争を引き起こして、他者と共存する状態の大切さを理解させるために戦後の体制を造り上げたのですが、現在は、謙虚の精神が浸透しすぎた面があります。今後の日本人は、ある意味、戦前、戦中に「魂」と表現された精神を取り戻す必要があるでしょう。

そのような意見を述べると、「右翼」「危険思想」といった批判が殺到するでしょうが、その点が、現代の日本人の愚かさの象徴です。戦後の日本人は、自分たちの身を守ることばかりに力を尽くすようになった一方、攻めの精神が、ほとんど失われてしまいました。ものすごくバランスが悪い状態です。

大宇宙大和神とアソビノオオカミは、「日本がよい方向に向かえば、すべての世界がよい方向に向かう。日本が悪い方向に向かえば、世界は悪い方向に向かう」と、常日頃から語り続けています。

日本は世界を導くためのキーとなる国なので、現在の世界が乱れているのは、日本人自身の責任なのです。そのような現実が存在するにも関わらず、現在の日本人の大半が、自分たちが世界に影響を及ぼしているという意識を持っておらず、他人に言われるがままに行動して、保身しか考えていない「１人おままごと」を繰り返している状態です。

現在の大宇宙大和神が、日本人に対して熱心に伝えようとしているメッセージとは、「すべてが『ＭＯＵ』、宇宙からの指令だと理解すれば、宇宙の中に恐れるものは存在しない」という内容です。

その理由は、３次元的な観点から考えると、恐るべき出来事、自分の命さえ危ぶまれる出来事の正体が、人々が進化・成長するために「ＭＯＵ」から与えられたトライアルであると認識すれば、出来事を受け入れる姿勢が身に付くからです。すべてが「ＭＯＵ」からのトライアルと捉えるようになれば、初めて不安や恐怖から本当の意味で脱却して、自分という存在を客観的に見ることが可能となります。そこからが本当のスタートなのです。

現在の日本人の多くが、不安や恐怖の泥沼に足を突っ込んだまま、抜け出せない状態を延々と続けています。大宇宙大和神は、日本人を進化・成長させるのを目的に、日本人を不安や恐怖の中に巻き込んでいるのですが、一向に日本人が変化しないので、「ＭＯＵ」は、すでに痺《しび》れを切らしつつあるのです。そのため、円安、燃料・食糧問題、異常気象など、日本人を取り巻く状況が日々厳しくなっているのです。

今後の日本人が、従来と同じように過ごすのか、もしくは、学ぶという意思を示して新たな方向に歩むのか、によって、将来の日本の状況はまったく異なったものになるでしょう。この点は、特に念入りに訴える必要があると思います。

悪を叩き潰すのは正しい行為ではない

第２次世界大戦後の日本人には、特定の善悪論が植え付けられました。戦前、戦時中の日本人は、日本が善でアメリカは悪という善悪論を教え込まれていたのですが、その思想が根強く遺伝子に刷り込まれた結果、いまだに、悪と見なした存在は一方的に叩く風潮が根付き続けています。

仮に悪を叩き潰したとしても、その先のステップが存在しません。日本人が悪を叩くのに終始して、進化・成長しようとしない現状を、大宇宙大和神は嘆いているのです。

現在、日本に対して、近隣諸国が数々の挑発的行為を繰り返していますが、これらは、日本人の進化・成長を促すための「ＭＯＵ」からのトライアルなのです。近隣諸国に対する批判が相次ぐ中、「これは、自分たちが学ぶべきトライアルだ」と理解する人物が出現して、メディアが、その人物に追従するようになれば、「ＭＯＵ」は、日本人が進化・成長したと見なして、問題を幕引きするでしょう。

日本人の意識がよい方向に向いた途端、それまで、日本を取り巻いていた問題は瞬時に解決するのですが、日本人が悪を叩いて偽《いつわ》りの正義感に浸っているうちは、問題は深刻化する一方です。「悪の存在」と「善の存在」が融合すれば世の中が改善する、と大宇宙大和神は以前から訴え続けています。

身近な例を挙げると、外国人の場合、ルールから逸脱している人がいても、

「まぁ、仕方がないか」と、受け入れる風潮が存在します。一方、日本人には、その風潮がありません。現在の日本では、街中でマスクを着用しない人は悪の存在と見なされて、一方的に非難されます。

日本人は潔癖な傾向がありますので、悪は絶対に許さないという意識が存在します。近隣諸国の人々にも同様の風潮がありますが、日本人は、特にその傾向が強いのです。一度ルールを破った者は、死亡後も憎まれる例すらあります。特に、近隣者や友人など親しい間柄で、その傾向は顕著《けんちょ》に見られます。

現在、「ＭＯＵ」から、日本が地球のリーダーに任命されていますので、日本人の意識によって世界が変革する状態ですが、現在の日本人の多くが悪を叩くことばかりに目が向いていますので、その結果、世界は悪い方向に進んでいるのです。テレビのニュース番組や報道番組も、悪と見なした存在に対する批判に終始して、人々は、そこから何も学ぼうとしません。

メディア関係者には、「自分たちは政治や社会を批判するのが仕事であり、その後の責任は負わない」という意識があるようですが、大宇宙大和神は、「馬鹿をぬかすな」と言っています。

本来のメディアの役割とは、情報を見聞きする人々に対して、将来の生き方や進むべき方向を教え示すというものですが、現在の日本のメディアは、その観点が完全に抜け落ちています。

本来、人間には、生前は多くの人に恨まれた人物であろうと死後は容赦する性質が存在するのですが、現在の日本の各メディアは、死亡した人物に関する問題を連日にわたって取り上げることすらあります。メディアは否定的な意見を述べるばかりで、「ＭＯＵ」が期待する学びは一切行っていません。

宇宙（ＭＯＵ）は監督、地球は舞台、人間は役者である

宇宙と地球の仕組みを演劇に例えると、すべての存在は、宇宙という劇場の中で

生きており、その中の小さな舞台の1つが地球なのです。「ＭＯＵ」が劇場の監督の役割を果たしており、人々は、自分の意識に基づいて行動していると思っていますが、それは3次元の脳による錯覚で、実際は監督（ＭＯＵ）の指示に基づいて動いているに過ぎないのです。

そして、助監督に相当する存在が、「ＭＯＵ」の支配下にある、様々な星文明の集合意識であり、助監督の指示で働く演出補佐役に相当するのが、地球の総理大臣や大統領といった指導者、演出補佐をサポートするアシスタント役が、県知事や市町村の首長といった役職に就く人々なのです。

私たち人間は、「ＭＯＵ」の指示によって演技する役者のような存在ですが、演劇の出演者には、主役、ヒロイン役、エキストラなど、様々な役割があるように、人間にも意識次元レベルの高低による違いが存在します。

意識次元レベルが高い人物は、自分が宇宙の調和と愛をもたらすために生きているという事実を把握しているのですが、低い人物は、「上の意識」に動かされているという意識が強いのです。助監督役の星文明の集合意識の状態の時は、自分の使命を承知しているのですが、魂が地球に辿《たど》り着いた途端、次元レベルが低下してしまうのです。現在の地球の指導者やメディアのトップに位置する人々は、自分たちの行動が「ＭＯＵ」の指令に基づいたものという事実を忘れています。

その理由は、集合意識が魂の状態で地球に入るまでは、様々なシナリオやテーマを抱えているにも関わらず、人間として誕生した瞬間に、宇宙の記憶が完全に途切れてしまうからです。

地球は学びの星ですから、地球人が、「自分たちはシナリオを設定されている」という事実を、あらかじめ把握していたとすれば、途端に活動する気力を失って学びを行わなくなるでしょう。地球人に学びを行わせるために、「ＭＯＵ」は、あえて使命やテーマを忘れるよう仕組んでいるのです。

しかし、一部の人物は、身体が地球から消滅した際に自分の使命を思い出します。霊体となった人物たちが、イルミナティやフリーメイソン、ロスチャイルドやロックフェラーといった世界を支配する組織のトップを操っているというのが、現在の地球の仕組みです。トップのほとんどは、自分たちが動かされているという事実を把握していません。

政府の人間やメディア関係者も地球という舞台に立つ役者であり、彼らも高次元の存在に操られている状態です。彼らが、人々に対して不安や恐怖を煽る言動を繰り返しているのは、指令に基づいた行為なのですが、そうとは知らずに、彼らが自分たちの行動は正しいと本気で思い込んでいるのが、大きな問題なのです。

地球の出来事のすべては、地球人を進化・成長させるためのトライアルであり、基本的に善悪は存在しないのですが、政府関係者は、自分たちの考えはすべて正しいと思っているがゆえ、人々に対してマスク着用やワクチン接種を強要して、メディア関係者は、ロシアの軍事活動を一方的な侵略行為と断定しているのです。現在のロシア・ウクライナ問題は、人々が大事な物ごとを学ぶためのトライアルという側面が存在します。

人は誰しも、他人を攻撃する機会がありますが、反対に攻撃される機会もあるでしょう。現在のメディア報道のように、攻撃する側のロシアを非難して、攻撃される側のウクライナを支持するばかりでは、事態の解決は叶いません。

本来ならば、ロシアとウクライナ双方の立場から状況を確認して、正確な情報を報道する結果として、人々が大切な何かに気づいて学ぶ機会を与えるのが、メディアの役割なのですが、そのような報道機関が存在しないため、大宇宙大和神は現状を嘆き、「ＭＯＵ」はさらに厳しいトライアルを仕掛けるのです。

自身の人生の出来事を素直に受け入れるべき

すべての地球人が、いまのように操られた状態のまま目醒めなければ、同じ方向を向いたとすれば、地球の環境は非常に厳しい状態になるでしょう。

具体例を挙げると、現在の円安を受けて、日本政府は為替介入を行うなど円高の状態に戻そうとしているのですが、これは非常に愚かな行為です。現在の円安は「ＭＯＵ」の指令に基づいた出来事であり、たとえ超人的な才能を持つ金融関係者が対策を行ったとしても、「ＭＯＵ」の意識によって、ただちに円安の状態に戻ってしまいます。

大宇宙大和神は、円安が続いた場合は為替操作を行うのではなく、自分自身が存在する55次元、あるいは、宇宙の大元など、人々が高次元にアクセスすることを推奨しています。その理由は明確で、日本の経済を本当にコントロールしているのは、高次元の存在だからです。

現在、世界中で発生している問題の善悪の定義は、メディアの論調である場合が顕著に見られます。その理由は、地球人の主流派である一般層、強い政治力や経済力を持たない人々の集合意識が、メディアの論調を生み出しているからです。

戦争や円安で利益を得る人も存在すれば被害を被《こうむ》る人も存在します。つまり、地球で発生するすべての出来事を、完全な善悪で分類するのは不可能であり、ある人物にとっては善で、他の人物にとっては悪といった、相対的なものであると認識する必要があります。

宇宙に存在するアソビノオオカミは、1つの事象が長期に続いて、波動が上下する結果、人々が損得を繰り返す状態を許容しています。地球を見守る大宇宙大和神も、一般層が損得をリズムのように繰り返すと世界を動かす力になるので、人々は損得を受け入れるべきだと考えています。

相対的な損得は、すべての物ごとで生じるものですから、自分が利益を得る場合は素直に受け取る、被害を被っても文句を言わないなど、損得を受け入れることが、宇宙の大元とつながるための、最良の生き方となります。受け入れるとは、自分自身が「MOU」の監督下に置かれる地球という舞台の出演者の1人であると理解することです。

前章でも記したように、私たち人間の身体が活動する期間は、長くて100年前後です。その100年の期間中に、自分の身の回りで起きる出来事を受け入れることで、何に気づき、何を学ぶか、というのが、人間が地球に存在する意義なのです。

たしかに、常に健康で不調や病気を発生せずに、そして悩みや困難も持たずに、100年間生きたとすれば、それは、とても楽で愉しい人生と言えます。しかし、その人生においては、学びの機会は非常に少なかったのではないでしょうか。

逆に、誰かにだまされた結果、事業に失敗して多額の借金を背負うといった不幸な人生を過ごしたとします。通常、そのような人生は失敗と見なされますが、お金に関する失敗を体験した結果、お金は人生の幸不幸を決定づける要素ではない、といった学びを得る可能性があります。人生における失敗や苦難は、魂意識の学びの機会となります。

同じく、「病気」や「死」も学びの機会の一種なのです。病気と死は、人間の人生に多大な影響を与える現象です。その理由は、地球人が身体という物質の状態で活動している、宇宙の中では非常に珍しい存在だからです。地球人以外の宇宙存在の大半がエネルギー生命体ですが、地球は、物質生命体が存在する希少な惑星です。

エントロピーの法則で証明されているように、物質というものは、時間が経過すると、必ず乱れて、朽ちて、消失します。それに対して、エネルギー生命体は不滅の存在なのです。そのため、宇宙では、身体はエネルギー体より劣ったものと見なされています。その事情を理解すれば、細胞組織を持っている時点で、地球人が低次元の存在に過ぎないと把握できると思います。

仮に、この世界に病気が存在せず、すべての人が100年間生存するとすれば、死は、さほど恐ろしいものとは見なされないでしょう。なぜなら、あらかじめ自分の死期が判明していれば、覚悟を持って受け入れられるからです。現実世界では、いつ到来するか不明であるからこそ、死が恐怖の対象となっています。

突然の死をもたらす現象こそが病気なのです。

さらに、病気を発症して一命を取り留めたとしても、生涯にわたって身体に後遺症やハンディキャップを背負う可能性が存在します。

その2つの要因によって、人々は病気を恐れているのです。

病気というものは、地球人が学びを得るために「ＭＯＵ」が生み出したものであり、病気を発症させるために、地球人に身体を与えたのです。そして、人々が発症する病気は、その人物が誕生する以前に、発症することがシナリオの中に設定されています。人間が魂、宇宙の存在であった時期に、「ＭＯＵ」から、「お前は、地球で生まれた後に、病気を発症する身体を持ち、こういう体験をしなさい」という内容の指令を受けているのです。人生と身体のシナリオの大まかな内容は、個の魂自身が書き上げるのですが、それをサポートする「ＭＯＵ」が、地球で体験する詳細な出来事の内容を指示します。

どのような病気を発症するかというのは、本来は自分自身が決定したことですから、病気とは、あらかじめ決められた運命であるという事実を、ある程度受け入れることが叶えば、地球人は病気による後遺症やハンディキャップ、死を穏やかな気持ちで迎えられるでしょう。

コロナ禍が発生した理由は、人々が発病と死を恐れているからです。私は、人々に、コロナウイルスの流行は、「ＭＯＵ」が要請している学びにつながる現象であり、素直に受け入れるべきだと伝えたいのです。

現在の私たちが持つ身体とは、演劇出演時に被る着ぐるみのようなものです。すべての人間が、地球上で人生という演劇を役者として行っている状態であり、発病や死とは自分自身が設定した演劇の一幕です。死とは、「着ぐるみを脱ぐ」、つまり、身体を捨てて、宇宙に帰還する行為なのです。

つまり、人生というストーリーは、学びを得るために、自分自身が作り上げた演劇です。仲のよい友人も、憎んでいる人物も、自身が魂レベルで配役した演者なのです。すべての出来事が、あらかじめ予定されたものなのです。

形式主義的な信仰から脱却せよ

私が過去の自著で語っているように、大宇宙大和神とアソビノオオカミが神の次元のトップに存在して、その下の次元に、天之御中主神《あめのみなかぬしのかみ》、菊理姫神《くくりひめのかみ》、伊邪那岐《いざなぎの》命《みことの》神《かみ》、伊邪那美命《いざなみのみことの》神《かみ》、天照大御神《あまてらすおおみかみ》、月読命《つくよみのみことの》神《かみ》、須佐之男命《すさのおのみことの》神《かみ》といった、日本の神々の代表格が存在して、日本の現状に対するアドバイスを行っています。

天之御中主神は、『古事記』の中で最初に記述される神で、非常に次元が高い存在ではありますが、実際は、大宇宙大和神とアソビノオオカミの傘下に位置していています。しかし、二神よりも低い次元に位置する分、詳しく人々を観察して、具体的なアドバイスを発言することが可能です。

古事記では、天之御中主神は、天地開闢《てんちかいびゃく》（世界の誕生）と同時に誕生したと記されており、実際に日本の神を束ねる位置に存在します。

私は、日本が世界のリーダーになる、日本が世界をよくするキーになるという、大宇宙大和神とアソビノオオカミが発信している重要なメッセージを、日本の人々に対して伝え続けてきました。そのような状況にも関わらず、多くの日本人が、何も学ぼうとせず、行動を改めようとしない現状を受けて、日本の神々のエネルギーは、悲しんでいます。

古来より、日本人は神様という存在を大切に扱ってきました。「八百万《やおよろず》の神」という言葉があるように、自然界のすべてに神が宿ると見なして敬う、世界に類を見ない民族なのです。

本来の日本人は、そのような「目に見えないもの」を大切にする力が、地球上の民族の中でも突出していたのですが、コロナウイルスに怯《おび》えて、いまだにマスクを着用し続ける現代の日本人の姿を見る限り、古来に存在した信仰心が消え失せてしまったのではないかと、私は、非常に危惧しています。

日本の神のリーダーである天之御中主神は、いまこそ、日本人の原点を取り戻すべきであると、私に伝えています。原点を取り戻す行為を具体的に説明すると、「形式主義からの脱却」です。

たとえば、現在の日本では、正月は神社で初詣を行う、お盆の時期にお墓参りを行う、誰かが死去したら法事を行うといった行事を繰り返していますが、天之御中主神は、**日本人の信仰心が形式化しつつあると警告しています。**

信仰にとって本当に大切なのは、形式ではなく心なのです。普段の私たちは目に見える世界で生活していますが、私たちを見守っている存在とは、目に見えないエネルギーであると把握するのが、心という原点に戻るという行為なのです。

神社で手を合わせてお祈りを行う日本人の多くは、頼み事など自分のエゴに基づいた言葉を神に対して投げかけています。お盆も法事の際も、祈りを捧《ささ》げる対象は自分の先祖のみなのですが、その理由は、自分を守っている存在は先祖だけだと思い込んでいるからです。実際に守護を行っているのは、先祖のパワーを超越した、宇宙に存在するエネルギーであるという事実を把握するべきです。そのため、先祖に祈りを捧げる際は、同時に自分を見守る宇宙のエネルギーに感謝を捧げることをおすすめします。

本当に大切なのは、初詣やお墓参りのような形式的な行事ではなく、宇宙のエネルギーすなわち神に感謝を捧げる気持ちなのです。自分の人生が順調な時期も不調な時期も、あるいは、健康な時期も病を患っている時期でも、常に感謝の気持ちを抱き、人生や身体に問題が生じたとしても、自分にとって必要な体験だという意識を持つべきだというのが、天之御中主神からのアドバイスです。

括りの大切さを説く菊理姫神

日本各地の白山神社に祀《まつ》られている菊理姫神は、非常に強い力を持つ神です。以前、私は石川県白山市の白山比咩神社《しらやまひめじんじゃ》に赴いて、菊理姫神のエネルギーを開いた経緯があります。その様子は、自著『菊理姫《ククリヒメ》神降臨なり』（ヒカルランド）内に詳しく記しましたが、私が菊理姫神を開くのを決意した理由は、伊邪那岐命神《いざなぎのみことのかみ》、伊邪《いざ》那美命神《なみのみことのかみ》が黄泉《よみ》の国で仲互いした際、２０００年後の２０２０年に仲を取り持つと、菊理姫神が約束したからです。実際に２０００年が経過したタイミングで、私が菊理姫神のエネルギーと化して、伊邪那岐命神と伊邪那美命神の仲を取り持ったのです。

私は、菊理姫神のエネルギーを開くためにリトリートツアーを実施したのですが、実際に白山比咩神社に向かった際、観光ガイドを依頼した男性が、「おもしろいところに、連れていきます」と、言い出しました。

男性の言葉に興味を持った私とツアー参加者たちが、彼に案内されるままに山間の土地の道が存在しない草むらを進むと、突如、「菊理姫」という文字が記された石塔が出現したのです。

驚いた私が周囲を見回すと、宇宙人らしき存在が突然出現して、私が目撃した途端、姿が消失したのです。おそらく、私たちが聖地にたどり着いたため、宇宙人が監視に訪れたのでしょう。その出来事を受けて、私が、目の前の塔に菊理姫神が鎮座していると確信したのです。

当初、私は白山比咩神社に菊理姫神が鎮座していると考えてツアーを実施したのですが、実際はガイドの男性が案内を行った山中に佇《たたず》む石塔に鎮座していました。

私のＦａｃｅｂｏｏｋにも写真を掲載したのですが、石塔の前で参拝を行えば、エネルギーが大幅に上昇するのは確実です。

この話を聞いて、参拝に訪れたいという人もいるでしょうが、石塔は草むらに囲まれた非常に分かりづらい場所に位置するため、夏場は向かうのに苦労するのが確実ですから、草の生えない時期に訪れるのを、おすすめします。さらに道も存在しませんので、所在地を知っている人に案内を頼んだ方が無難でしょう。

伊邪那岐命神と伊邪那美命神は、２０００年間にわたって離れていたのですが、二神は、男性神と女性神として、現世と黄泉の国、の存在に分かれた結果、多くの学びを得たのです。

これまで、菊理姫神は、日本人をはじめとする地球人が生み出した様々な物ごとを分離し続けることを見守ってきました。国家や社会、あるいは人々の交流関係の分離を見てきました。菊理姫神曰《いわ》く、世の中の良い部分と悪い部分すべてを人間に体験させせた後に融合する、「括《くく》る」、が大切な要素。

神の世界のみならず、人間の世界でも融合の精神から学べる要素が存在します。特に、戦後の時代では、その要素が顕著《けんちょ》に存在します。

世界に存在する善と悪には互いに存在意義があり、両方受け入れるべきという思想が融合です。たとえば、好きな人間も嫌いな人間も双方を同じように受け入れる。自分の中の好きな面と嫌いな面、世の中で発生する良い問題も悪い問題も、総じて受け入れるのです。新型コロナウイルスすら、完全に有害な存在と見なすのではなく、善悪両方の面が存在すると考えるのです。

融合の意義を語る日本の創生神

現在の伊邪那岐命神と伊邪那美命神は、私と一体化した菊理姫神のエネルギーによって、融合して１つの状態となっています。そして、二神（一合神）は、私が近畿地域の五芒星《ごぼうせい》を開いたことに対して、強い感謝の念を抱いているのです。

人間を含めた地球の生物の多くは、男性性と女性性が完全に分かれていますが、これは、宇宙の中では非常に稀《まれ》な状態です。高次元の宇宙の星では、性の区別が曖昧で、地球人のような、身体的な差異はほとんど存在しません。

いわば、地球は分離を体験するための惑星であり、身体が完全分離しているゆえ、心も分離したままなのです。いままでの人々は、性の分離から多くの物ごとを学んできましたが、現在は融合する時期に差し掛かっています。最近、世間ではジェンダーレス（性による区別、差別を撤廃する思想）化が盛んに唱えられていますが、融合を行うために、性別を撤廃する必要はなく、男性性と女性性の両性が存在して、その上で融合するのです。

私が以前から語っている内容ですが、地球上で男性として生きる人物は、宇宙的には女性性的なエネルギーが強い存在であり、反対に、地球上で女性として生きる人物は、宇宙的には男性性的なエネルギーが強い存在なのです。

人間は、地球において、本来とは逆の性を学びに来ているのであり、ある程度、異性の事情を学んだ後に大元の宇宙に帰還して、本来の性に戻るのです。男性や女性といった性による違いに対して、特定のこだわりのような気持ちを持たずに、両性のエネルギーを学ぶことで、、今後の地球人は進化・成長して、融合の方向へと進むのです。

融合した伊邪那岐命神と伊邪那美命神は、「現世と霊界の融合」が、今後の日本において、ものすごく大切な要素になると語っています。伊邪那岐命神が３次元(現世)、伊邪那美命神が黄泉の国に、長期間存在していたのですが、互いが融合した結果、２つの世界が融合しました。これから、日本が世界のリーダーになる上で、霊界の協力を得れば、非常に心強い味方となるでしょう。

いまの科学に基づいた知識やテクノロジーは、３次元世界でのみ生み出せるのですが、霊界でのみ生み出せるレベルの知識やテクノロジーも存在します。

いままでの地球人類は、地球という「目に見える世界」の力をサポートにして生存していましたが、今後は、霊界という「目に見えない世界」の力からサポートを受けるのです。それを実現させるための方法とは、目に見えない存在に対して、積極的に愛の気持ちを送ることです。

従来のように、お墓参りの時のみ先祖を敬うのではなく、普段から、自分が生きている、活動できるのは、霊界のサポートがあるためと意識するのです。

すべての日本人には、霊的なつながりが存在します。いままでの日本人は、自分の直系の先祖のみを敬っていたので、霊界からのサポートの力が弱かったのです。今後は、先祖以外の故人に対しても愛の気持ちを送るべきだ、というのが伊邪那岐命神と伊邪那美命神の見解です。

私が、青森県の恐山《おそれざん》を訪れた際、山中を歩いていると、風が吹いていなかったにも関わらず、山中に設置されている風車が回転しました。私が、恐山に漂う無数の死者の霊を一括《ひとくく》りに癒した結果、彼らからの歓迎を受けました。

自分の先祖のみ敬うという行為は、宇宙的な観点から見ると完全なエゴなのです。実際は先祖の霊体は集合意識化した霊体の中に含まれていますので、集合意識の霊に対して祈りを捧《ささ》げた方が、自分のみならず先祖に対しても大きな癒しの効果が生まれるのです。霊とは個別の存在ではなく、エネルギーの集合体なのです。

三貴子《みはしらのうずのみこ》が人間に与える生命のエネルギー

天照大御神は、長年にわたって大分県宇佐市の宇佐神宮で幽閉され続けていました。私が近畿地域の五芒星を開いた結果、天照大御神は本来の三重県伊勢市の伊勢神宮内宮に帰還するのが叶ったため、とても喜んでいます。

天照大御神の過去の事実は、いままで語られる機会が存在せず、日本人のすべてが知らなかったのですが、天照大御神は、その点について嘆いていたようです。天照大御神は、大宇宙大和神が宇宙の存在として、地球を上の次元から見守っているのに対して、現在は、自身が日本の最高神として伊勢神宮に鎮座した状態で守護しています。

天照大御神は、日本の古代時代、神武天皇が全国を統一する以前から日本に鎮座していましたが、「私のような高次元の神が古代より見守り続けたのは日本だけである。そのような国家は世界に類を見ないのであり、日本人は、さらに誇り高くあるべきであり、それを世界に示すべき」との見解を示しています。しかし、闇の勢力の策略によって、日本人が誇るべき要素が封印されてしまった結果、日本人が誇りを失った現状を、非常に嘆いているのです。

私の力で、近畿地域の五芒星が開かれて、天照大御神が伊勢神宮内宮に本鎮座した結果、日本の次元は上昇しました。いままでは、日本に降り注ぐ太陽光は、少し弱かったのですが、天照大御神の力が復活した結果、太陽光も強くなりました。昨年（令和4年）の夏が非常に暑かったのは、そのためなのです。

天照大御神の力によって、地球人は、いままでより強力な太陽光を浴びる形となりますが、天照大御神は、できるだけ多くの太陽光を浴びるべきだと語っています。

それには2つの理由があるのです。1つは、太陽光で松果体を活性化するため、もう1つは、これまで影の世界に存在していた人々が、光の世界に飛び出すべきだからです。

新しい時代に突入しつつある現在、高次元の存在が次々と霊界に入って、私たち地球人を見守る形になっています。今後は、誰かの意見に影響を受けて生きるのではなく、自分の命や魂を信用して、考えて、行動する。現在の太陽は、非常にエネルギーが高い状態なので、太陽光を多く浴びると、脳の松果体が活性化して、さらに強く宇宙とつながることが可能であるというのが、天照大御神からのメッセージです。

太陽光を浴びるのは、大切な要素ですが、いくつかのポイントが存在します。日中の太陽光は、あまりにも力が強過ぎて、多くの紫外線を発していますので、浴び続けると視神経にダメージを与える可能性があります。そのため、穏やかな朝日もしくは夕日を浴びるのをおすすめします。

松果体からは、セロトニンという幸福感を生み出す物質が放出されるのですが、就寝中にセロトニンはメラトニンという睡眠を促す物質に変成します。メラトニンに変成される際は、同時に、ＤＭＴ（ジメチルトリプタミン）と呼ばれる麻薬的な物質が分泌されるのですが、ＤＭＴが地球人の宇宙人との遭遇、異次元体験といった幻想効果を生み出します。

現在の科学では、ＤＭＴによる効果は、科学物質の作用による幻覚とされていますが、実際にＤＭＴは、人間を異次元に導く効果が存在するため、そこで出現する宇宙人は現実の存在なのです。

ＤＭＴを大量に放出することで、地球人は、宇宙人や宇宙社会との交流をひんぱんに体験できるようになります。太陽光を浴びると、ＤＭＴを放出する効果が生み出されるのですが、その力を司るのが、天照大御神なのです。

天照大御神は、今後の日本人が、天から見守る見えない存在たちに対して、感謝を持って接することが叶えば、自身の力はさらに強まると語っています。

天照大御神の弟神である月読命神《つくよみのみことのかみ》は、自分の時代が到来したとの見解を持っています。天照大御神が司る太陽は、元気、生命力をもたらすのに対して、月読命神が司る月は、穏やかさ、平和をもたらします。

超古代の時代から、太陽は、人類を活性化し続けてきたのですが、月読命神曰《いわ》く、今後、人類が進化・成長するには、穏やかさというエネルギーが強くなるのが必須だというのです。

古《いにしえ》の人々が、満月、三日月、新月と、月の満ち欠けで暦《こよみ》を作ったように、人類は月から様々な影響を受け続けてきました。月のエネルギーというものは、人々が想像するよりも、はるかに強いものなのです。

月には、身体の炎症を抑える、心の苛立《いらだ》ちを鎮める、意識を安定化して平穏にする作用が存在します。現在の地球人は、不安と恐怖で混乱しているため、感情が大きく揺れ動いている状態です。それに対して、高次元の星文明の存在たちは、地球人ほど感情が揺れ動くことはありません。積極的に、月を観察する、あるいは心の中で月を感じて、感情の起伏を穏やかにしてください。

月読命神の弟神の須佐之男命《すさのおのみことのかみ》神は海の神であり、力強さや勇敢さを象徴しています。海の中は生命力の宝庫ですが、コロナ禍以降の人類は、不安と恐怖に心を支配された結果、生命力を失っています。影の世界に篭《こも》り続けて、太陽光を浴びようとしません。光の世界に飛び出そうとしていないのです。

水は、木（御神木）、磐座《いわくら》（神が鎮座する岩石）、と並ぶ、神にとって必要な三大要素の1つであり、水が存在しない場所には神は宿りません。

そのため、家庭内には、常に水が存在する場所を作り出すことが大切であり、飲料水だけでなく、花瓶の水や神棚に供える水は常に絶やさないようにするなど、水を大切にするべきだと心がけて生活することを、強くおすすめします。

水は生命力の源泉であり、海や川は多くの生命体が誕生する場所ですから、水に対して感謝の気持ちを抱きましょう。山に生える樹木は雨水で成長するように、生命力が欠けていると感じている人は、山や海など水が豊富な場所に赴いて、リラックスして過ごせば、エネルギーが補給可能だ、と須佐之男命は伝えています。

そして、須佐之男命神が私に伝えるもう1つのメッセージは、「もう少し勇気を持ちなさい」ということです。現在の人々は、臆病になりすぎていますが、たとえ、傷つく出来事が起きたとしても、それが人間性を向上させる効果を生み出します。傷つくのを恐れず、勇気を持って飛び出しましょう。

大宇宙大和神が推奨する読書による新しい世界への突入

大宇宙大和神の結論は、「何も心配することはない」ということ。新型コロナウイルス禍、世界各地で発生する紛争、燃料・食糧問題、環境問題など、地球上で発生するすべての問題は、意識が違う宇宙を選択すれば、すべて解決すると表明しています。

仮に、人々が、これまでと同じように、気づかない、学ばない方に進むならば、火種の中に吸い込まれる形となります。しかし、私がこの本の中で何度も繰り返しているように、すべてを受け入れるようになれば、自分を救うことが可能です。

そして、大宇宙大和神は、いわゆる一般的な人々が、いままでと同じレベルの本を読み続けるのは、少し寂しい事態だと言っています。いまの自身が受け入れることができる、自身の許容範囲内に収まる本を読み続けていたら、乱れた世界からの救済を放棄する結果になるでしょう。

いままで、ハードルの高さを感じていた本、読むのが叶わなかった本に挑戦して、まったく新しい世界に突入するのです。

第3章

地球人が最終的に到達する新時代

コロナ禍の終息は新時代の幕開け

先日、某有名観光地の駅前に所在する、雰囲気のよい老舗の喫茶店に1人で入店したのですが、店のドアを開けるなり、「マスクをしてください！」という、男性店員の大きい声が聞こえました。入店時の私は、念のためにマスクを手に掴《つか》んでいたのですが、店内に大勢の客が訪れていたにも関わらず、怒鳴られるかのようにマスク着用を強要されましたので、思わず、店から飛び出そうかと思ったほどです。結局、私は着席したのですが、せっかくのコーヒーの味を楽しめませんでした。

私の関係者は、コロナ禍でも日常的にマスクを着用しない方が多いのですが、いまだに店舗や飲食店で入店拒否される機会は珍しくないようです。商業店舗というのは、ある程度、個人の自由が認められる場所であり、接客業に携わる人々は、顧客を快適にする役割を担っているはずですが、経営側の方針で一方的にマスク着用を強要するのというのは、よからぬ対応だと思います。おそらく、経営側が店舗からコロナ感染者が発生するのを恐れて、過度な対応を行っているため、従業員側が萎縮しているのでしょう。

さすがに、新型コロナウイルスが流行してから2年が経過した令和3（2021）年末あたりから、各店舗でノーマスク状態の入店が認められつつありますが、そのような状況下にも関わらず、前述の喫茶店の店員は私に対して、マスク着用を強要したのです。彼は「マスクゾンビ」と呼称するべき存在です。

近いうちに、日本政府が、コロナ感染症を2類から5類に指定変更するのは、ほぼ確実なのですが、コロナワクチンが有償化すると同時に新しい治療薬が発表されるという話があります。情報によると、新しい治療薬を投与する場合、通常ならば1回9万円ほどの費用が発生するそうですが、国が全額負担する形で国民に対する投与を進めるそうです。

新しい治療薬に明確な効果が存在するか不明なのですが、仮に政府が無料政策を実施すれば、ワクチンと同じように、多くの国民に投与を行う形となり、結果的に莫大な医療費が発生するでしょう。現在でも医療関係費によって日本の財政は破綻寸前なのですが、さらなる大きな負担が発生する形になります。

私の大学生時代の日本の医療関係費は、20兆円前後だったのですが、現在は5倍の100兆円規模に達しています。

医療費が莫大な額となっている要因に、コロナウイルスに対する不安と恐怖があります。政府やメディアがコロナウイルスに対する不安と恐怖を煽《あお》る報道を一切行わないというのが、有効な対策になると思います。

具体例を挙げると、テレビのニュース番組では、連日コロナ感染者の人数が発表されていますが、そのニュースを聞いただけで、人々の心にコロナウイルスに対する不安と恐怖が湧き上がる効果が発生するのです。

現在、コロナウイルス感染者は、人々から村八分のように扱われて、体調を崩した人は、皆がコロナウイルス感染を疑うような状態です。仮に風邪が体調不良の原因だったとしても、「自分はコロナに感染している」と思い込んだ瞬間に、意識によるパラレル変換により、コロナ陽性に突然変異する例があるのです。不安と恐怖がコロナ感染症の要因の1つになります。その事実を大半の人が理解していません。

現在は、コロナウイルスに感染すると、無料で治療が施される上に長期の休暇が認められますので、怠惰な人や仕事に嫌気を感じている人が、率先して感染しようとしている状態です。このような現状も、コロナ感染症が2類から5類に指定された後に一変するでしょう。

コロナ感染症が、「普通の風邪」と認識されるようになれば、世の中が変化する準備ができたというメッセージになると思います。世の中が変化すると同時に、人々の意識も変化するのです。

元首相殺害事件が発する日本人に対する警告

令和4年7月8日、奈良市の近鉄大和西大寺駅前で演説を行っていた安倍《あべ》晋三《しんぞう》元首相が、銃撃されて死亡するという事件が発生しました。日本中を騒然とさせた襲撃事件は、とてつもなく大きな意味を持つ出来事だったのです。

安倍氏は、強い弥勒《みろく》力を持つ、政治的指導者としての資質が非常に高い人物でした。地球的視点から考えると、安倍氏が殺害されたというのは大変な悲劇であり、銃撃を決行した犯人は極悪人となります。

しかし、宇宙的視点から考えてみると、今回の事件は、以前から私が唱え続けている意見である、日本が世界のリーダーとなって各国をリードすることで、人類と地球がよい方向に進むためのきっかけであり、ある意味、人類全体に対する警告のような出来事でした。特に日本人は、今回の事件がどのような意味合いを持つのか、自分の心の中で確実に受け止めてほしいと思います。

奈良時代、近畿地域の五芒星の中心部には、都の平城京が存在して、強力な守護の力で守られていたのですが、あるとき、それが壊されてしまいました。しかし、私が五芒星を開いた結果、守護の力が復活しました。詳細は、自著『〃五芒星〃封印解除と〝魔除け〟再起動』（青林堂）に記しましたが、安倍氏が銃撃された場所には、かつて平城京が存在していたのです。今回の事件には、今後、「日本の再起の時代」が到来するという、メッセージの意味があります。

安倍氏の銃撃事件を機に取り沙汰されるようになった、韓国の某宗教団体に関する一連の問題ですが、本来、宗教と政治家が関係を持つということに、善悪は存在しないのです。しかし、メディアが、宗教団体と安倍氏が蜜月関係であったという偏向報道を繰り返している結果、多くの人々が悪印象を持つ結果となってしまいました。今回の問題は、メディアによる印象操作であり、安倍氏が宗教団体に操られていたといった事実は存在しません。高次元の宇宙は、人々に対して、「本質を見なさい」と伝えています。

メディア発の情報は虚飾に満ちています。人間は、目に見えないものから教わらないと、真実には到達できないのです。人類の歴史をさかのぼると、レムリア、アトランティス文明時代までは、神と呼ばれた宇宙人が人々をリードしていたのですが、現代は、メディア関係者のような、神と離れた地球人たちがリードしています。そのため、いままでの地球人は、誤った方向に進み続けてきました。今回の事件は、真実を言葉や文字で伝える時代が終了する、時代が大きく変化するというサインでした。

近い将来、メディアが人類をリードする時代は終焉《しゅうえん》を迎えます。

高次元から寄せられたフレーズを繰り返す

私は、自著『至高神 大宇宙大和神の教え』『至高神 大宇宙大和神の導き』(青林堂)の中で、大宇宙大和神のメッセージを人々に伝えてきましたが、なかなか神のメッセージが根付かない現状を、大宇宙大和神は悲しんでいます。現在の私は、大宇宙大和神という存在を多くの日本人が知るように、その教えが根付くための活動を行っています。

この章では、大宇宙大和神から発せられる、高次元の宇宙のエネルギーを、読者の皆様一人一人が心の中に保持するためのフレーズを紹介します。

フレーズとは、「言葉のエネルギー」という意味です。アメリカの作家ナポレオン・ヒルが、人生の成功秘訣《ひけつ》として、紙に自分の望みを書いて、繰り返し心の中で唱えるという方法を提唱したように、フレーズを掲げて**繰り返す**という行為は、人間に大きな影響を及ぼすのです。

人類の歴史上、多大なる影響を生み出した言葉ですが、使い方によっては、人々を恐ろしい方向に導く力にもなります。ナチス・ドイツの独裁者アドルフ・ヒトラーは、演説の際に特定のフレーズを繰り返して、民衆を扇動しました。

多くの人々は、忙しい日々を過ごしていますから、学んだ知識や物ごとの記憶が消失してしまうのは、珍しい状態でありません。実際に過去を振り返ると、驚くほど過去の記憶が抜け落ちているのを実感すると思います。同じフレーズを繰り返すと、記憶が定着する効果が発生するのです。

私は、自著や、自身が主催する講演会、スクール、サロン、イベントなど、あらゆる場所で、大事な話を、繰り返し伝え続けています。

仮に1ヶ月に1度のペースで私の教えを学ぶとしても、参加者は、残りの、29、30日間、私の教えを浴びない日々を過ごす形になります。人間が生活する上で、仕事や家族との触れ合い、あるいは他人との交流など、様々な事情が発生しますので、忙しい日々を過ごすうちに、数時間で学んだ私の教えは、ほとんど記憶から抜け落ちてしまうのです。

私の教えを思い出して、「そういえば、ドクタードルフィンが、あのような話を言っていたな」と、私の教えのメモや私の本を読み返すことが大事です。それを毎日繰り返すのです。

そして、1か月後に私が主催する学びの場に再び訪れた際は、かなり深く私の教えが入るでしょう。

しかし、多くの人は、日常生活の中で、一生懸命切磋琢磨《せっさたくま》しているうちに、私のイベントで学んできた内容が、ほとんど記憶から消えてしまうのです。記憶が定着しないというのは大きな問題であり、その事実を人々が認識しなければ、変化は叶わないでしょう。

私は、大宇宙大和神のメッセージを記した本を1年に1回のペースで刊行していますが、読者が1日で読破した場合、残りの３６４日（閏年《うるうどし》は３６５日）はメッセージから遠ざかる形になります。私の教えを完全に浸透させるためには、３６５日（閏年は３６６日）間、何らかの形で教えに触れる機会が必要です。このことは、読者の皆さんが想像する以上に大切な要素となります。

その理由は、地球で生活している人間という存在は、「脳で生きている」からです。魂レベルで生きる高次元の存在は、常に情報と共存している状態なのですが、人間の場合、脳で考えて生きているため、大元の姿である魂とはかけ離れた状態となっています。

脳には、情報がインプットされている領域が存在しており、人間は、オンの状態になっている領域の中の情報に触れて生きているのです。

そのため、特定の機会に学んだ情報が脳の領域にインプットされたとしても、その領域がオフの状態であると、情報が脳の中で眠り続ける形になります。それは非常に惜しい状態である、と多くの人に認識してもらいたいと思います。

非常に単純な手法ですが、学んだ内容を、フレーズとして繰り返すと、常に自分の記憶の中に留めておくことが可能となり、自分を変化させるための大切な要素となります。

ただ、自分が学んだ情報を繰り返すというのは、一見簡単に思えますが、多くの人々は忙しい日常を繰り返していますので、継続するのは、意外と容易ではないのです。

私は、大宇宙大和神を降ろして触れ合った際に、どのようなフレーズを伝えるべきかを受け止めました。

フレーズとは、簡単な内容が好ましいのです。キリスト教では、「汝《なんじ》は〜」「己は〜」という前置きの教義が説かれていますが、内容自体は難解ではありません。
私が伝える大宇宙大和神のフレーズも、とてもシンプルな言葉です。

「わたしは、すでに素晴らしい存在です」

「だから、他人ではなく、自分を生きます」

最後に、

「大宇宙大和神の名のもとに」

という、3つです。

この3つのフレーズは、大宇宙大和神の55次元からすると、すべてが同等に素晴らしい言葉であり、人々が毎日認識すれば、次元上昇の大きな力になります。

高次元の視点から見ると、人生に成功している人物も失敗している人物も、健康な人物も病気を患って死亡寸前の人物も、全員が同等の価値を持つ素晴らしい存在なのです。

大宇宙大和神が存在する55次元の視点から、約80億人の全地球人を確認すると、まるで蛍の光が80億個灯っているように見えます。

低い次元から光を確認すると、強い光や、弱い光、あるいは、いまにも消えそうなものが存在するのが確認できますが、その理由は、地球人の大元である宇宙の意識が魂となって3次元の地球にソウルインする前の段階では、魂の意識にレベル差が存在するからです。しかし、魂を統括して見守る大宇宙大和神の55次元から確認した場合、すべての光は、同等の明るさに見えます。

大宇宙大和神は、私に対して、すべての地球人に伝えるべき2つの言葉を言いました。

「わたしは宇宙における、最も輝く光です」

「だから、そのままの自分を愛します」

２つの言葉を発した後は、

「大宇宙大和神の名のもとに」

と言いましょう。

これは、先に提唱したフレーズと、ほぼ同じ内容ですが、読者の皆さんは、ぜひとも記憶に留めておいてください。

大宇宙大和神の言葉を発するタイミングは、起床後でも就寝前でも構いませんので、１日１回、口または心で唱えると、相当な力が身に付くでしょう。時間に余裕がある場合、朝、昼、晩と、３回唱え続ければ、さらに効果は上昇するでしょう。

大宇宙大和神の言葉を、抵抗なく発することが可能となった後は、他人に対して言葉を発してあげて、幸せに導いてほしいと思います。大切なのは、大宇宙大和神の言葉を記憶に根付かせておくことです。身に付いていない状態では、言葉に大宇宙大和神の力は宿りません。

いままで、私は、人間にとって大切なフレーズが記された本を何冊も読んだのですが、大半のフレーズの内容が弱いと感じています。この本の中で、私が伝えているフレーズは、大宇宙大和神が発した言葉であり、55次元のエネルギーが降りているのです。この本に記されたフレーズを繰り返し発すれば、やがて自分は素晴らしい存在であり、掛け替えのない価値を持つ人間である、という意識が湧き上がるでしょう。

そしてシンプルかつ非常に強い力を持つ言葉が、

「I am the light of universe, OTO」

なのです。ＯＴＯは、大宇宙大和神を宇宙音で表現した文字です。

自著『０と１』（青林堂）に詳しく記したのですが、生命のエネルギーが高まると、魂の光が強くなって輝きを増し、限界まで達すると、光が消えて1点のブラックホール状に変化します。究極的にエネルギーが高まると、「無」、すなわち「０」の状態となるのです。

「I am the light of universe, OTO」と同等の力を持つ言葉として存在するのが

「I am the zero of universe, OTO」

宇宙の中でｚｅｒｏ（０）の状態になるとは、アカシックレコード（宇宙の全情報が記録されているデータベース）と化して、すべてを所持するという意味です。

当初は、大宇宙大和神のフレーズを発し続けて、記憶に定着した後に、「I am

the light of universe, OTO」を発して、自身の意識レベルが上昇したと感じた後は、「I am the zero of universe, OTO」と発するという段階を踏むとよいでしょう。この場合zero（0）とは、「すべてを手に入れた状態」という意味なので、気安く発するのは不可能だからです。

この本で紹介した言葉を完全に記憶に留めておきたいと考えた場合は、言葉を紙に記して、日常生活で目につく場所に貼っておくのは、いかがでしょうか。そして、紙に書かれた文字が視界に入るたびに、口か心の中で、言葉を詠唱しましょう。

本を読んだり、講演を聴くだけでは、内容を忘れてしまう可能性が高いのです。学んだ内容を発し続けて記憶に定着させるのが、強いエネルギーを魂に入れるための、一番シンプルかつ確実な方法なのです。

さらに言うと、神棚に向かって言葉を発すると、よりエネルギーが高まる効果が発生します。住居や職場に神棚が設置されていない場合、神棚のミニチュア版が販売されていますので、それを利用するのはいかがでしょうか。神棚の中に、この本に付属している御札を入れておけば、大宇宙大和神と共鳴します。機会があれば、ぜひお試しください。

自分の常識範囲外の現象を素直に受け入れる

意識次元の低い人は、何に対しても、否定する傾向があります。

容易に洗脳される人々は、自分が理解できる範疇《はんちゅう》を越えた存在を、「オカルト」と呼称します。これは非常に恐ろしい意識であり、自分が生まれ育って、親、家族、きょうだい、学校、社会から教わった、自分の世界で受け入れられる世界、自分の常識や固定観念にそぐわない存在を否定します。

特に、最近の日本人は、そのような意識が強いと思います。イギリスも同様、本来はスピリチュアリティが強い地域であり、超自然を受け入れる素地が存在するのですが、近年の若いイギリスの若年層は、唯物論（物質主義）的な思想を持つ傾向があるようです。

大宇宙大和神は、いま、日本人が本当の意味で変化する唯一の方法とは、いままで自分が受け入れなかった存在を受け入れるキャパシティー（素地）を持つことだと考えています。自分が受け入れ続けてきた存在に頼る生き方では、人間は大きく変化しない、幸福を掴《つか》むことは叶わないのです。いままで受け入れていなかった、自分がオカルトと見なしていた存在に、自分を成長させる要素が含まれています。

今後、本気で自分の幸福度を上げたいと考えているならば、オカルトという呼称は使用しない方がよいと思います。今後は、目に見えないものを重視する時代に移行しますので、いままで受け入れなかった存在を、オカルトと見なして非難、敬遠するのは避けましょう。受け入れなかった存在に対して、自分で考えて、自身にとってプラスになると判断したら、積極的に目を向けるように意識を変更することです。

最近、高次元の宇宙が、宗教をクローズアップしている理由は、すべての宗教が人間にとって大切な叡智《えいち》を教えている面があり、その事実を人々に把握させるためなのです。しかし、特定の宗教に依存することは大変危険なことである、と同時に伝えています。

いままでの地球人の多くは、何らかの宗教に所属していないと人生が安定しないという考えを持っていましたが、その理由は、「自分が神とつながっていなかった」ためです。

自分自身が高次元の宇宙すなわち神とつながっていれば、何かに所属しなくても安定が可能なのですが、多くの人々は、宗教という屋根の下に入ることで安定を求めています。この風潮から脱却するのが大事なのです。

特定の宗教に依存する場合の問題点を挙げると、近年、宗教団体による高額のお布施の要求が話題となっていますが、宗教団体側は他人の財産を奪って利益を独占しようとしているだけではなく、本気で信者を幸福にしようとして活動している可能性もあります。そうすると、ある程度の財産を差し出した人以外は幸福を享受できないという形になります。ただ、実際に詐欺である可能性もありますが。

人間は自分が思うがままに存在するべきだというのが、大宇宙大和神の見解ですが、自身の変化が、周囲によい影響をもたらす行為は、地球の集合意識を次元上昇させるので、宇宙が大々的に応援します。一方で、自分のみがプラスになる代わりに周囲をマイナスにするような行為は、宇宙は絶対に応援しません。そのあたりの見極めは確実に行いましょう。

善と悪は本質的には同一と認識する

これは、ミラクル画家のはせくらみゆきさんから聞いた話なのですが、先日、現実と夢の狭間で、ジーザス・クライスト（イエス・キリスト）が出現して、「よいものを見せてあげる」と言いながら、はせくらさんを地底深くに連れて行ったそうです。

はせくらさんのエネルギーが降下するに伴い、目に見える景色は、徐々に醜いものに変化したようですが、地底に足が着いた瞬間、周囲を見渡すと、そこには、ものすごく巨大な身体を持つ堕天使ルシファー（悪魔サタン）が存在したそうです。その際のルシファーは、人間の肉を貪り食っていたようですが、はせくらさんは、ルシファーと目が合った途端、既視感を覚えたそうです。その時、ルシファーは「バレたか」と呟《つぶや》いたのですが、はせくらさん曰《いわ》く、ルシファーの目は、ジーザスの目と同じものだったとのことです。

驚くべき真実ですが、ジーザスとルシファーは、同一のエネルギーを持つ存在だったのです。

世の中で善とされる存在と、悪とされる存在は、本質が同じ、表裏一体の関係なのです。つまり、極悪と見なされている存在には、最善の存在となる要素があるのです。その表裏一体の関係性を大切にするべきだと、大宇宙大和神は唱えています。

現在の地球人は悪と見なす存在を、次々と削除して消滅させようとしているのですが、それは、同時に善の存在を削除する行為となっているのです。強引に善の存在を作ろうとするのではなく、たとえ、悪い存在がいても、素直に受け入れて、自分の道を突き進む意識を持つことが大切です。

それが実現すれば、特定のタイミングで、悪い存在が善の存在へと一気に反転するでしょう。中途半端な悪が反転しても大きな影響を及ぼしませんが、極限の悪が反転した際、絶大な善の力を発揮するのです。

たとえ、どれほど悪い出来事が頻発して、自分の人生に絶望したとしても、中途半端な位置で立ち止まるのではなく、自分を信頼して進み続ければ、反転の効果で最良の効果を得るというのが、大宇宙大和神から人間に寄せられているメッセージです。

ジーザスとルシファーのように、善悪は同じ存在という認識を持てば、人々は失敗を恐れずに行動可能となるでしょう。そして、人間に、より多くの学びの機会を与えるのは、良い出来事ではなく悪い出来事なのです。

人類を次元上昇させるために低次元に突き落とす

いま、意識次元が低い人間が数多く地球上に存在しています。闇の勢力に所属している人物の中には、人口削減計画を考案している者も存在するようですが、意識次元の低い人間の数が減少して、代わりに、意識次元が高い人間の数が増加すれば、この世界は、より幸福になります。

以前の私は、すべての人々を救うべきという信念を持っていました。しかし、現在は、意識次元が低い人々は、さらに落ちる必要があると考えています。

意識次元が低い人は、どれほど教えを繰り返しても、自らの意識次元を上昇させようとしません。

意識次元が低い人々は、次元を上昇させる準備ができていないのです。いま、弥勒の時代が到来して、意識次元が高い人間と低い人間が二極化しています。

より多くの人々の意識次元を上昇させたいという私の目標は、現在でも変わっていませんが、意識次元が低い人は、一度底まで落ちる必要があるという事実に気づいたのです。前述した善悪の反転効果のように、大きくマイナスの方向に進んだ存在は、反動でプラスの方向に進む可能性があります。中途半端な解決策は無意味で、高次元の視野で言うと、荒療治が必要なのです。

ですから、意識次元を上昇させる準備ができていない人を救済しようとするのは、誤った行為なのです。

現在の社会の問題は、人間の意識状態のレベル差を考慮せずに、全員を平等に救済しようとしていることです。たとえば、収入が低い人物、安定した職種に就業できない人物、あるいは仕事に就けない人物に対して、福祉サポートが行われるのですが、それらは、彼ら自身のためにはなりません。自身を成長させるために、もがく必要があるのですが、もがくことができない環境を作ろうとするのが、現在の3

次元の社会なのです。

本来、高次元の神と呼ばれる存在は、もがく人間を常に見守っているだけで、救いの手を差し出すことはありません。大宇宙大和神やアソビノオオカミは、人々に、積極的に干渉したりすることはないのです。

低次元の意識を持つ人が、さらに次元を落として、真実に気づき学んで、豊かで、穏やかで、幸福な方向に進むのか、あるいは、中途半端な低次元の状態のまま生き続けるのかは、魂の意識次第です。

当然ながら、幸福な方向に進む方が好ましいのですが、落ちるというのは、さらなる悩みや困難が生じる状態ですので、いまのままの状態に留まりたいと考える人は少なくないのです。その現状を受けて、大宇宙大和神は、いまの状態に抵抗せずに、すべてをそのままに受け入れなさい、と伝えています。

低次元の意識の人々に対しては、下手に干渉せず、見守り続けることです。フィクションの世界では、困っている人を助ける人は正義のヒーローとなりますが、3

次元の現実世界では、そのような生き方は必ずしも正しいとは言えません。

自分の意識次元を上昇させていないにも関わらず、他人を救済して、高次元の存在に自分という存在を認めさせようとするのは誤った意識です。「まずは自分の意識次元を上げる」というのが、大宇宙大和神からの大切なメッセージなのです。

今後、ノアの方舟《はこぶね》ならぬ「弥勒の方舟（現代版ノアの方舟）」が出現して、人々が乗船するのですが、その際に振るい分けが行われるでしょう。

その際、弥勒の方舟への搭乗が叶った、あるいは叶わなかったとしても、その時の自分を受け入れて、生き続けることが必要です。一度、次元が下降しはじめた人間が元の位置に戻りたいと思っても、容易に戻るのは困難です。

落ちるという現状に焦りが生じて抵抗しても、意味はありません。一度奈落の底とでも呼ぶべき最底辺の次元に落ちて、極限のもがきを体験することで、いつか次元は大きく上昇するでしょう。しかし、多くの人々は、自分が落ちるのを恐れて、中途半端な低次元の位置に滞在し続けているのです。その象徴が、街に溢《あふ》れるマスクゾンビたちです。

現在の日本人は、「高次元的生き方」を行っていません。今後、不安や恐怖を払拭して、マスクやワクチンを拒否できる方は、弥勒の方舟に搭乗可能となります。それでも、マスク着用やワクチン接種を行い続ける方は、最底辺の次元に落ちる形になりますが、そこで真実を学ぶことで、上昇が可能となります。

大宇宙大和神は、最終的に、日本人が弥勒の舟の導き役となって、すべての地球人が乗船できることを願っています。

あとがき

人類と地球は、いまのままの人間の低次元意識では、〝破綻〟の方向へどんどん進んでしまうでしょう。だからこそ、いま、「大宇宙大和神」の新たなメッセージが必要なのです。

この本の内容を、個の先入観を入れずに、素直に受け入れることこそが、〝救済〟になるでしょう。

今年も、神札に大宇宙大和神のパワーを込めさせていただきました。令和5年の新たなエネルギーをお受け取りください。

本書にも記したように、本書の神札は、神社の神札と同じように取り扱っていただいてもよいですし、もしくは、ずっと保管してもらっても構いません。

令和5年には、いまの人類と地球の破綻現象が創造へと変換して、多くの方々が次元上昇されることを願ってやみません。

88次元 Fa－A
ドクタードルフィン 松久正

88次元 Fa-A
ドクタードルフィン 松久 正

医師（慶応義塾大学医学部卒）、米国公認 Doctor of Chiropractic（米国 Palmer College of Chiropractic 卒）。

鎌倉ドクタードルフィン診療所院長。

超次元・超時空間松果体覚醒医学（SD-PAM）／超次元・超時空間 DNAオペレーション医学（SD-DOM）創始者。

神や宇宙存在を超越する次元エネルギーを有し、予言された救世主として、人類と地球を次元上昇させ、弥勒の世を実現させる。著書多数。

ドクタードルフィン公式ホームページ　https://drdolphin.jp

至高神 大宇宙大和神の守護

破壊から創造へ

令和5年1月26日　初版発行

著　者　　松久正
発行人　　蟹江幹彦
発行所　　株式会社　青林堂
〒150-0002　東京都渋谷区渋谷3-7-6
電話　03-5468-7769
装　幀　　TSTJ inc.
印刷所　　中央精版印刷株式会社

Printed in Japan

ISBN 978-4-7926-0738-8

松久正 刊行書籍一覧

“五芒星”封印解除と“魔除け”再起動

神札付　2880円／上製

0と1
宇宙で最もシンプルで最もパワフルな法則
ステッカー付　2880円／上製

至高神　大宇宙大和神の導き
操り人形の糸が切れるとき
神札付　2880円／上製

宇宙マスター神「アソビノオオカミ」の秘教
地球の封印を解く大宇宙叡智
神札付　2880円／上製

至高神　大宇宙大和神の教え
隠身から顕身へ
神札付　2880円／上製

卑弥呼と天照大御神の復活
世界リーダー・霊性邪馬台国誕生への大分・宇佐の奇跡
お守り付　3550円／上製

神 医 学

1710円／並製

ピラミッド封印解除・超覚醒
明かされる秘密
1880円／並製

神ドクター
Doctor of God
1400円／並製

（価格はいずれも税抜）